업무 시간은 반으로! 업무 효율은 두 배로!

정말 쉽네? 챗GPT 구글 업무 자동화

이메일 대량 발송, 정기 발송

구글폼 자동화, 알림봇 만들기

구글 시트 자동화, 앱 만들기 + 배포

챗GPT 코드 작성 노하우!

모든 일의 시작은 2023년 2월 2일 아침, 은나님에게 받은 메시지에서 비롯되었습니다.

"메일 본문 내용은 뒷부분은 동일하지만... 앞에 거래처명이 들어가는 탓에 여러 메일을 수작업으로 발송하고 있어요. 이를 자동으로 보낼 방법이 있을까요?"

이 메시지를 듣자마자 떠오른 해결책은 구글 스프레드시트를 활용한 대량 메일 발송이었습니다. 인터넷을 검색하니 관련 자료가 많았고, 발견한 스크립트를 수정해 테스트한 뒤, 사용법을 설명하는 5분 내외의 영상을 제작해 공유했습니다. 비슷한 고민을 하는 동료가 있을 것 같아 전사에 공유했더니 예상보다 큰 반응이 있었습니다. 2023년 8월, 이를 기반으로 동영상 강의를 제작했고, 이후 강의를 책으로 옮기는 작업을 진행하게 되었습니다.

책을 집필하면서 실무에서 마주하는 다양한 사례를 수집하며 보다 풍부한 예시를 담을 수 있었습니다. 이 과정에서 아낌없는 지원을 해주신 골든래빗 관계자 여러분, 그리고 김성경 에디터님, 박현규 에디터님께 깊이 감사드립니다. 또한, 동영상 강의 제작 과정에서 세심한 질문을 던져주신 우아한형제들 김세나 님, 전봉한 님께도 감사드립니다. 두 분 덕분에 초심자의 시선에서 어떤 부분이 어려운지 더욱 명확히 이해할 수 있었습니다.

마지막으로, 약 1년여 동안 주말과 평일 저녁 시간을 쪼개가며 책을 집필할 수 있도록 묵묵히 응원해준 사랑하는 아내 김아름, 그리고 아빠가 일할 때 방해하지 않으려 노력해준 은서와 윤찬에게도 진심으로 감사의 마음을 전합니다.

우아한형제들 프런트엔드 개발자 송요창

"IT 비전공자에게 너무 필요하지만 너무 어려운 업무 자동화를 쉽게!"

회사에서 일을 하다 보면 '거래명세표 이메일을 한 번에 보낼 수 없을까?', '슬랙 알림으로 반복 업무를 관리할 수 있으면 좋겠어.'라는 생각을 한 번쯤 해본 적이 있을 겁니다. 저도 마찬가지였고, 업무 자동화 강의도 듣고 SQL을 배워봤지만, 현실의 벽에 부딪혔어요. 그러다 '구글 앱스 스크립트'를 알게 되었습니다. 하지만 너무 어렵게 느껴졌어요. 솔직히 '이거 다 언제 배워... 자동화 없이 수동으로 하는 게 차라리 낫겠다...'라는 생각이 들었습니다. 하지만 포기하기 직전에 회사에서 만난 개발자 요창 님에게 고민을 이야기했는데 "흥미로운 주제네요! 같이 해보죠!"라고 답변을 주셨어요. **그 뒤로 저는 구글 앱스 스크립트로 여러가지 업무를 자동화했습니다. 지금은 덕분에 편하게 일하고 있어요. 이 책이 딱 그런 내용을 담고 있습니다.** 프로그래밍 지식 없이도 원하는 업무를 자동화할 수 있게 도와줄 거예요. 누구나 할 수 있습니다! 이 책으로 업무를 자동화해보세요!

허은나 쿠팡이츠

"야··· 너도 버튼 하나로 엑셀 취합할 수 있어."

코딩은 개발자의 일이라고만 생각해온 저희가 요창 님을 만나고 바뀌었습니다. 매일 엑셀, 워드, PPT로 한 땀 한 땀 정성스럽게 일했지만, 내장된 수식과 기능의 한계를 느낀 적도 있고, 잘 몰라서 사용하지 않은 기능도 많았습니다. **그런데 요창 님을 만나 업무 자동화를 알게 된 이후, 수식과 기능을 몰라도 차근차근 야근을 줄여가고 있습니다.** '나는 코딩의 'C'도 모르는데, 업무 자동화를 강의도 아니고 책으로 배울 수 있을까?'라고 의심하는 분들, 걱정하지 마세요. 이 책은 진짜 초보의 입장에서 아주 친절하게 쓰였습니다. 평생 문과로 살아온 저희 둘은 궁금한 것이 해결될 때까지 요창 님께 끊임없이 질문했고, 요창 님은 언제나 저희 눈높이에 맞춰 친절하게 설명해주셨습니다. 또한, 책을 완독할 즈음에는 코딩의 기본 개념뿐만 아니라 반복적인 작업을 위한 코드 몇 개쯤은 갖게 될 겁니다. 제가 그랬거든요. 혹시 올해 목표가 '업무 자동화를 해보자!' 혹은 '반복되는 업무의 효율성을 높여보자!'라면, 요창 님의 책은 후회 없는 선택이 될 것입니다!

김세나 그리고 전봉한 우아한형제들

Q1

챗GPT는 유료로 써야 하나요?

챗GPT를 유료로 사용하면 더 많은 질문을 할 수 있고, 더욱 수준 높은 답변을 기대할 수 있는 모델을 이용할 수 있습니다. 당연히 유료로 사용하는 것이 더 좋습니다. 하지만 처음에 무료로 이용해 보다가 '더 이상 질문을 할 수 없습니다, 내일 다시 질문하세요'와 같은 메시지가 나오거나, 답변 수준이 마음에 들지 않는다는 기분이 들면 그때 유료로 사용하는 것을 권장합니다. 또한, 챗GPT를 자주 활용할 계획이라면 유료 버전이 더욱 효율적일 수 있습니다. 장기적으로 보면 시간과 노력 면에서 투자할 가치가 충분하기 때문입니다.

Q2

이 책을 학습하려면 코드를 알아야 하나요?

이제는 챗GPT와 같은 생성형 AI의 기술 발달로 인해, 이전처럼 컴퓨터 프로그래밍 언어에 정통할 필요 없이 다양한 업무를 자동화할 수 있게 되었습니다. 이 책은 주로 여러분이 겪을 업무 자동화 케이스를 실습 중심으로 풀어냈습니다. 우선 이해가 잘 되지 않아도 실습을 한 단계씩 진행하면서 문제를 해결하고, 해결한 뒤에 챗GPT로 원하는 업무를 다시 해결할 수 있는지에 초점을 맞춰서 공부하는 것만으로도 충분합니다. 또한, 실습을 진행하며 자연스럽게 AI와 협업하는 방법을 익힐 수 있습니다. 이렇게 하면 꼭 복잡한 코딩을 배우지 않더라도 실무에서 즉시 활용할 수 있는 실용적인 자동화 스킬을 익히는 데 큰 도움이 될 것입니다.

Q3

챗GPT 답변이 책과 달라요

챗GPT는 많은 책과 글을 읽고 배운 인공지능이에요. 그래서 같은 질문을 해도, 사람처럼 그때그때 여러 가지 답변을 생각해낼 수 있어요. 또 새로운 데이터를 학습하거나 업데이트로 개선되어 답변이 달라질 수도 있습니다. 그러므로 답변이 일치하는지 확인하는 것보다 내가 챗GPT를 사용하는 목적에 알맞은 답변을 내놓았는지 판단하는 것이 중요합니다.

Q4

챗GPT가 좋나요? 클로드가 좋나요?

만약 앱스 스크립트로 더 많은 공부를 하고 싶어졌다면 제가 인프런에서 강의한 〈Google Apps Script로 시작하는 업무 자동화〉[1]를 공부하거나 구글에서 공식으로 제공하는 앱스 스크립트 문서 developers.google.com/apps-script를 살펴보세요. 처음에 문서를 보면 어렵다는 생각이 들 수 있지만 책에서 배운 내용을 바탕으로 차분하게 보면 어떤 업무를 해결하기 위한 부속품인지 알아차릴 수 있을 겁니다.

---

1) inf.run/XpZ6

하나, 송요창 선생님에게 무엇이든 물어보세요

〈정말 쉽네? 챗GPT 구글 업무 자동화〉를 공부하며 궁금한 점은 저자 송요창 선생님에게 물어보세요. 오픈 카톡방에서 비슷한 고민을 하는 사람들과 소통하며 모르는 내용은 질문하고, 아는 내용은 알려주면서 공부하면 더 좋겠죠? 가끔은 송요창 선생님의 유료 강의를 무료로 제공하는 등의 이벤트도 열고 있어요.

- 오픈 카톡방 : open.kakao.com/o/gKGz6qeh

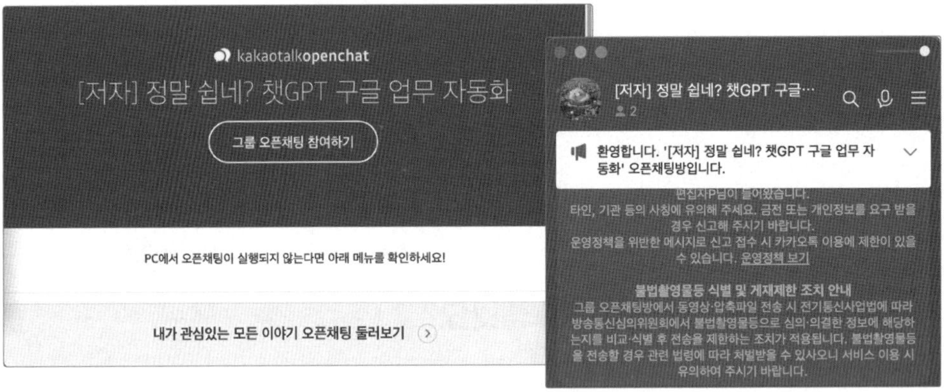
kakaotalkopenchat
[저자] 정말 쉽네? 챗GPT 구글 업무 자동화
그룹 오픈채팅 참여하기
PC에서 오픈채팅이 실행되지 않는다면 아래 메뉴를 확인하세요!
내가 관심있는 모든 이야기 오픈채팅 둘러보기
[저자] 정말 쉽네? 챗GPT 구글…
2
환영합니다. '[저자] 정말 쉽네? 챗GPT 구글 업무 자동화' 오픈채팅방입니다.
타인, 기관 등의 사칭에 유의해 주세요. 금전 또는 개인정보를 요구 받을 경우 신고해 주시기 바랍니다.
운영정책을 위반한 메시지로 신고 접수 시 카카오톡 이용에 제한이 있을 수 있습니다. 운영정책 보기
불법촬영물등 식별 및 게재제한 조치 안내
그룹 오픈채팅방에서 동영상·압축파일 전송 시 전기통신사업법에 따라 방송통신심의위원회에서 불법촬영물등으로 심의·의결한 정보에 해당하는지를 비교·식별 후 전송을 제한하는 조치가 적용됩니다. 불법촬영물등을 전송할 경우 관련 법령에 따라 처벌받을 수 있사오니 서비스 이용 시 유의하여 주시기 바랍니다.

둘, 정답 파일을 참고하여 더 쉽게 실습해 보세요!

[정말 쉽네?] 챗GPT + 구… > 09 독자 제공 파일
유형
사람
수정 날짜
출처
이름
마지막으로 수정한 날짜
_스피커 이미지 2025. 1. 17. 나
_실습용 명세서 파일 2025. 1. 20. 나
_프로필 이미지 2025. 1. 7. 나
바로 자동화 코드 오전 10:23 나
바로 자동화 코드_Chapter02_나의 첫 번째 앱스 스크립트 프로젝트 2025. 1. 20. 나
바로 자동화 코드_Chapter06_한꺼번에 이메일 100개 보내기 오전 10:34 나
바로 자동화 코드_Chapter19_알림봇 만들기 준비하고 성과표 알림봇 만들기 2025. 1. 21. 나

코드를 처음 작성한다면 실수가 많이 나옵니다. 그럴 때는 정답 파일을 보는 것이 도움이 되죠. 이 책의 모든 실습에 필요한 스프레드시트 파일이나 정답 파일은 여기에 있습니다.

- 실습 파일 모음 링크 : bit.ly/4hQPozN

셋, 인프런에서 함께 공부해요!

송요창 선생님의 'Google Apps Script로 시작하는 업무 자동화' 강의(유료)는 인프런에도 있습니다. 도서로 공부한 다음 더 공부하고 싶거나 함께 공부하고 싶다면 인프런 강의와 함께 공부해보세요!

- Google Apps Script로 시작하는 업무 자동화(인프런, 유료) : inf.run/XpZ6

넷, 챗GPT 활용을 적극적으로 해봐요!

이제는 챗GPT를 모르는 사람이 없습니다. 챗GPT는 앱스 스크립트도 잘 만들어줍니다. 본문에서 배운 개념과 작성한 코드를 함께 챗GPT에게 질문해보세요. 그러면 더 나은 디자인으로 코드를 변경하거나, 오류가 있는 내용을 손쉽게 고칠 수 있습니다! 챗GPT 노하우는 다음 Chapter에서 볼 수 있습니다.

- Chapter 07 챗GPT로 대량 이메일 발송 코드 만들고 이메일 발송 버튼 추가하기
- Chapter 09 챗GPT로 이미지가 있는 이메일 발송 코드 만들기

- (Chapter 11) 챗GPT로 첨부 파일 이메일 발송 코드 만들기
- (Chapter 14) 챗GPT로 신규 입사자 이메일 꾸며서 보내기
- (Chapter 16) 챗GPT로 슬랙 메시지를 아름답게 바꿔 보내보기
- (Chapter 18) 챗GPT로 캘린더에 있는 구글밋 링크도 포함하여 보내기
- (Chapter 20) 챗GPT로 성과 알림봇 슬랙 메시지 꾸미기
- (Chapter 22) 챗GPT로 굿즈 신청서 화면 아름답게 꾸미기
- (Chapter 24) 챗GPT로 설문지 만들기 메뉴 버튼 추가하고 설문지 서비스 문구 추가하기

다섯, 자주 쓰이는 앱스 스크립트 치트 시트를 활용해보세요

챗GPT로 질문을 하려고 해도 어떤 것으로 무엇을 하라는 지시가 떠오르지 않으면 코드를 작성하기 어렵습니다. 이 책에 등장한 구글 앱스 스크립트 치트 시트를 참고해서 질문해보세요.

- 구글 앱스 스크립트 4색 Cheatsheet : bit.ly/42ICn69

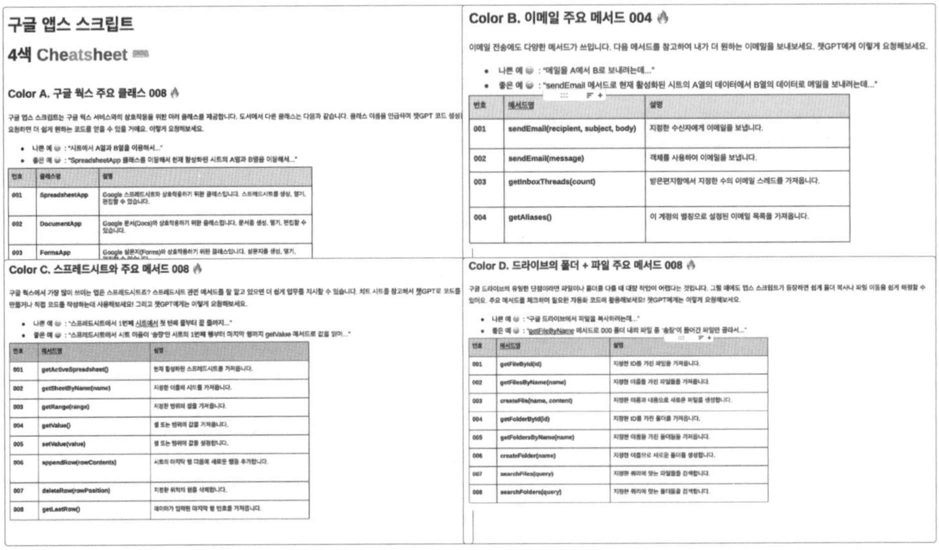

구글 앱스 스크립트

4색 Cheatsheet

Color A. 구글 웍스 주요 클래스 008

구글 앱스 스크립트는 구글 웍스 서비스와의 상호작용을 위한 여러 클래스를 제공합니다. 도서에서 다룬 클래스는 다음과 같습니다. 클래스 이름을 언급하며 챗GPT 코드 생성을 요청하면 더 쉽게 원하는 코드를 얻을 수 있을 거예요. 이렇게 요청해보세요.

- 나쁜 예 : "시트에서 A열과 B열을 이용해서..."
- 좋은 예 : "SpreadsheetApp 클래스를 이용해서 현재 활성화된 시트의 A열과 B열을 이용해서..."

번호	클래스명	설명
001	SpreadsheetApp	Google 스프레드시트와 상호작용하기 위한 클래스입니다. 스프레드시트를 생성, 열기, 편집할 수 있습니다.
002	DocumentApp	Google 문서(Docs)와 상호작용하기 위한 클래스입니다. 문서를 생성, 열기, 편집할 수 있습니다.
003	FormsApp	Google 설문지(Forms)와 상호작용하기 위한 클래스입니다. 설문지를 생성, 열기, [illegible]

Color B. 이메일 주요 메서드 004

이메일 전송에도 다양한 메서드가 쓰입니다. 다음 메서드를 참고하여 내가 더 원하는 이메일을 보내보세요. 챗GPT에게 이렇게 요청해보세요.

- 나쁜 예 : "메일을 A에서 B로 보내려는데..."
- 좋은 예 : "sendEmail 메서드로 현재 활성화된 시트의 A열의 데이터에서 B열의 데이터로 메일을 보내려는데..."

번호	메서드명	설명
001	sendEmail(recipient, subject, body)	지정한 수신자에게 이메일을 보냅니다.
002	sendEmail(message)	객체를 사용하여 이메일을 보냅니다.
003	getInboxThreads(count)	받은편지함에서 지정한 수의 이메일 스레드를 가져옵니다.
004	getAliases()	이 계정의 별칭으로 설정된 이메일 목록을 가져옵니다.

Color C. 스프레드시트와 주요 메서드 008

구글 웍스에서 가장 많이 쓰이는 앱은 스프레드시트죠? 스프레드시트 관련 메서드를 잘 알고 있으면 더 쉽게 업무를 지시할 수 있습니다. 치트 시트를 참고해서 챗GPT로 코드를 만들거나 직접 코드를 작성하는데 사용해보세요! 그리고 챗GPT에게는 이렇게 요청해보세요.

- 나쁜 예 : "스프레드시트에서 1번째 시트에서 첫 번째 줄부터 끝 줄까지..."
- 좋은 예 : "스프레드시트에서 시트 이름이 '송장'인 시트의 1번째 행부터 마지막 행까지 getValue 메서드로 값을 읽어..."

번호	메서드명	설명
001	getActiveSpreadsheet()	현재 활성화된 스프레드시트를 가져옵니다.
002	getSheetByName(name)	지정한 이름의 시트를 가져옵니다.
003	getRange(range)	지정한 범위의 셀을 가져옵니다.
004	getValue()	셀 또는 범위의 값을 가져옵니다.
005	setValue(value)	셀 또는 범위에 값을 설정합니다.
006	appendRow(rowContents)	시트의 마지막 행 다음에 새로운 행을 추가합니다.
007	deleteRow(rowPosition)	지정한 위치의 행을 삭제합니다.
008	getLastRow()	데이터가 입력된 마지막 행 번호를 가져옵니다.

Color D. 드라이브의 폴더 + 파일 주요 메서드 008

구글 드라이브의 유일한 단점이라면 파일이나 폴더를 다룰 때 대량 작업이 어렵다는 것입니다. 그럴 때에도 앱스 스크립트가 등장하면 쉽게 폴더 복사나 파일 이동을 쉽게 해결할 수 있어요. 주요 메서드를 체크하여 필요한 자동화 코드에 활용해보세요! 챗GPT에게는 이렇게 요청해보세요.

- 나쁜 예 : "구글 드라이브에서 파일을 복사하려는데..."
- 좋은 예 : "getFileByName 메서드로 000 폴더 내의 파일 중 '송장'이 들어간 파일만 골라서..."

번호	메서드명	설명
001	getFileById(id)	지정한 ID를 가진 파일을 가져옵니다.
002	getFilesByName(name)	지정한 이름을 가진 파일들을 가져옵니다.
003	createFile(name, content)	지정한 이름과 내용으로 새로운 파일을 생성합니다.
004	getFolderById(id)	지정한 ID를 가진 폴더를 가져옵니다.
005	getFoldersByName(name)	지정한 이름을 가진 폴더들을 가져옵니다.
006	createFolder(name)	지정한 이름으로 새로운 폴더를 생성합니다.
007	searchFiles(query)	지정한 쿼리에 맞는 파일들을 검색합니다.
008	searchFolders(query)	지정한 쿼리에 맞는 폴더들을 검색합니다.

Part 01 구글 업무 자동화와의 첫 만남

Part 02 앱스 스크립트 기초 문법 다지기

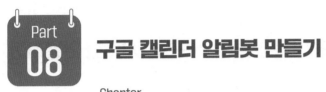

정말 쉽네?

Part 01

구글 업무 자동화와의 첫 만남

여기서 공부할 내용

구글 스프레드시트, 드라이브, 캘린더, 폼 등은 업무에 자주 사용됩니다. 하지만 반복 업무가 많아 불편함을 느낀 적이 있나요? 이런 간단한 반복 작업은 자동화하면 훨씬 효율적입니다. 이때 유용하게 활용할 수 있는 도구가 바로 구글 앱스 스크립트입니다. 이를 활용하면 정기적인 이메일 발송, 템플릿을 활용한 문서 생성 등 반복 작업을 빠르고 간단히 처리할 수 있습니다. 앱스 스크립트가 궁금하다면, 이제 시작해볼까요?

Chapter 01

구글 앱스 스크립트를 소개합니다

선생님, 구글 앱스 스크립트에 대해 자세히 알고 싶어요.

학생

구글 앱스 스크립트(Google Apps Script)는 프로그래밍 경험이 많지 않아도, 혹은 전혀 없어도, 구글 워크스페이스 기반의 솔루션을 쉽게 만들 수 있도록 돕는 도구죠!

선생님

그럼 구체적으로 어떤 일을 할 수 있나요? 예를 들어 설명해 주실 수 있을까요?

학생

물론이죠. 예를 들어 구글 스프레드시트에 저장된 100개의 고객 메일 주소로 자동으로 이메일을 발송하거나, 발송 후 팀원에게 알림 메일을 보내는 복잡한 작업을 자동화할 수 있어요. 반복되는 업무가 많다면 앱스 스크립트를 배우는 것이 큰 도움이 될 거예요.

선생님

공식 웹사이트에서는 어떻게 소개하고 있을까요?

구글 앱스 스크립트는 공식 웹사이트에 이렇게 소개되어 있습니다. 한 번 함께 읽어봅시다.

Google Workspace
솔루션
제품
업종
AI
가격
리소스
관리 콘솔
Apps Script
Apps Script는 많은 코딩을 필요로 하지 않으면서 Google Workspace 통합, 자동화, 확장하는 비즈니스 솔루션을 빠르고 간편하게 구축할 수 있는 유일한 플랫폼입니다. Apps Script를 통해 비즈니스 사용자는 전문적인 개발 경험이 없더라도 Google Workspace 를 기반으로 맞춤 솔루션을 구축할 수 있습니다. Apps Script는 Gmail 계정이 있는 사용자 누구나 사용이 가능합니다.
무료 평가판 시작하기

우선 명칭부터 정리해야 하겠네요. 구글 앱스 스크립트Google Apps Script는 줄여서 앱스 스크립트라고 부릅니다. 소개 글을 읽어보니 코드를 많이 작성하지 않아도, 프로그래밍 개발 경험이 없어도, 구글 워크스페이스 기반의 솔루션을 만들 수 있다고 하네요. **쉽게 말해 누구나 지메일이나 구글 문서, 구글 스프레드시트를 자동화할 수 있다는 뜻입니다.** 예를 들어 구글 스프레드시트에 있는 고객의 메일 주소 100개를 읽어 발송하거나, 메일 발송이 완료되면 팀원에게 알림 메일까지 보내는 등의 복잡한 작업을 앱스 스크립트로 할 수 있습니다. 만약 여러분이 이런 반복 업무를 하고 있다면 앱스 스크립트를 배우는 것은 큰 도움이 될 것입니다.

TIP 여러분은 자바스크립트(javascript)라는 프로그래밍 언어를 아나요? 앱스 스크립트는 자바스크립트라는 언어에 기초하여 만들어졌습니다. 자바스크립트는 웹 페이지에서 복잡한 기능을 구현할 수 있는 프로그래밍 언어인데요. 주로 웹사이트 개발에 많이 사용합니다. 만약 여러분이 자바스크립트를 공부한 적이 있다면 앱스 스크립트는 더욱 쉽게 느껴질 것입니다. **하지만 저는 이 책을 자바스크립트도 모르는 사람이 볼 수 있도록 작성했습니다. 그러니 자바스크립트를 모른다고 해서 겁먹지 않아도 됩니다.**

이 책에서 해볼 수 있는 것들

이 책은 여러분이 스스로 문제를 해결하고 점차 더 나은 자동화를 할 수 있는 구성으로 되어 있어요. 처음에는 이메일 보내기라는 단순한 업무로 시작해서, 이메일에 이미지도 올려보고, 첨부 파일도 올려보고, 스프레드시트와 연계해보는 등으로 발전시켜 가며 프로젝트를 수행하죠. 이 책에서 해볼 수 있는 자동화 업무는 다음과 같아요. 스크린샷과 함께 구경해보세요.

업무의 90%는 이메일이죠, 이메일부터 자동화해봐요!

자동화 01 처음에는 이메일을 단순히 작성해서 여럿에게 보내는 작업을 해볼 거예요. 이렇게 자동화를 시작해보는 거죠! 이 내용은 **Part 03 메일링 자동화하기** 에서 공부해요!

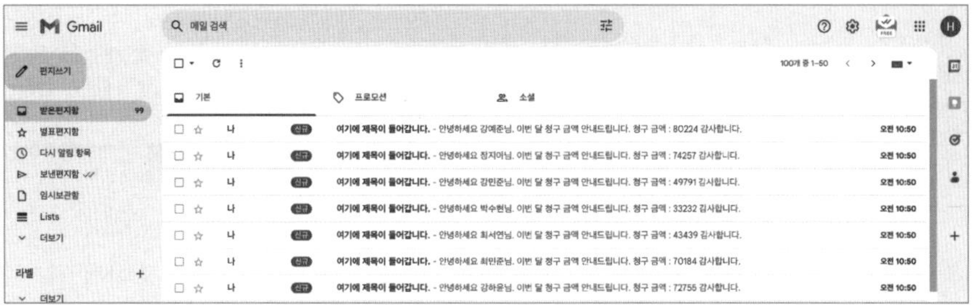

자동화 02 그런 다음에는 이메일에 이미지를 첨부해봐요. 구글 드라이브에 있는 이미지를 참고해서 이미지가 있는 이메일을 보내는 거죠! 마케팅 업무에 특히 유용할 것이라 생각해요. 이 내용은 **Part 04 이미지가 있는 이메일 보내기** 에서 공부해요!

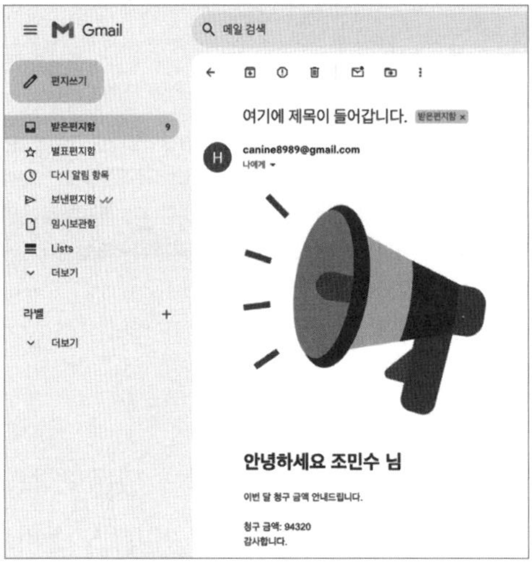

자동화 03 이메일에는 글만 쓰는 게 아니죠! 첨부 파일을 보낼 때도 있어요. 받을 사람에게 필요한 첨부 파일을 자동으로 만들어서 보내요. 스프레드시트에 나열한 고객 이름, 청구 대금, 회사 이름, 파일에 맞춰서 첨부 파일을 보내는 실습을 해봐요! 이 내용은 Part 05 첨부 파일이 있는 이메일 보내기 에서 공부해요!

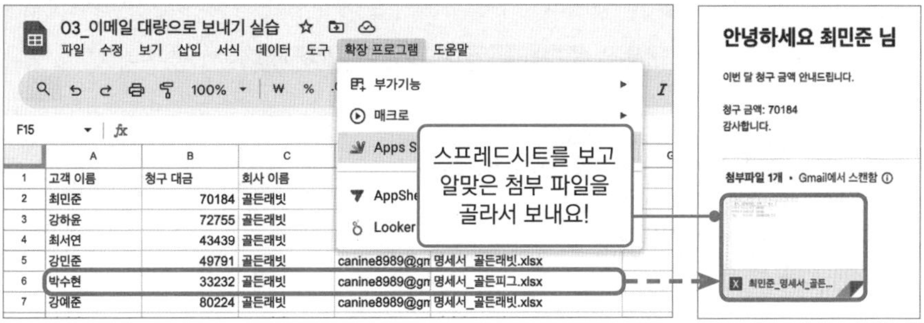

자동화 04 최종 이메일 프로젝트는 정기적으로 늘어나는 스프레드시트 데이터에 맞춰서 이메일을 대량으로 발송하는 업무를 수행해봐요! 신입 사원이 새로 들어오면 매달 이메일을 보내는 시나리오로 공부해요! 이 내용은 Part 06 스프레드시트 가공해서 정기적으로 이메일 보내기 에서 공부해요!

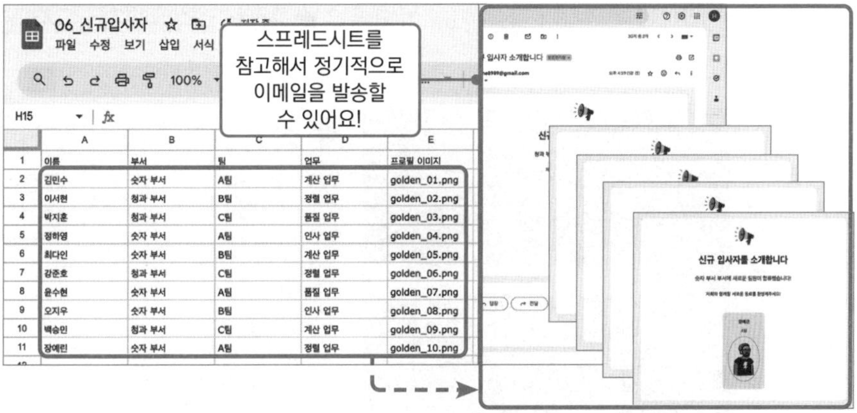

다양한 구글 도구와 알림봇을 결합해요!

자동화 05 아마 마케터라면 구글폼을 굉장히 자주 쓸 거예요. 구글폼을 작성해서 누군가 제출했을 때 알림이 오는 슬랙봇을 만드는 과정을 공부해봐요. 다른 메신저 알림봇도 비슷한 원리로 만들 수 있어요. 여기서 하나만 공부하면 무궁무진한 알림봇을 만들 수 있을 거예요! 이 내용은 **Part 07 구글폼 설문지 알림봇 만들기** 에서 공부해요!

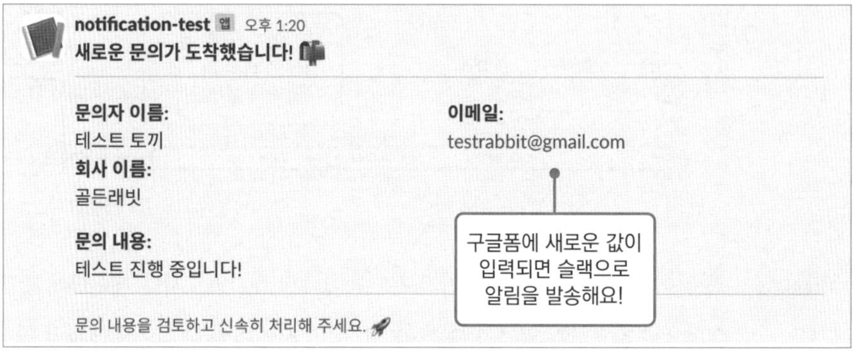

자동화 06 캘린더를 쓴다면 많은 일정으로 머리가 아플 수 있어요. 중요한 일정만 알림을 받을 수 있다면 편리하지 않을까요? 이 내용은 **Part 08 구글 캘린더 일정 알림봇 만들기** 에서 공부해요!

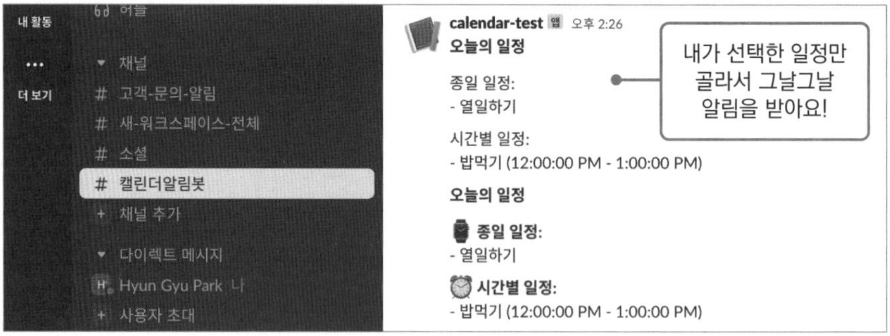

내가 만든 자동화 도구를 다른 사람이 쓸 수 있도록 공유해보아요!

자동화 07 배포도 해봐요! 너무 개발자가 해야 할 일 같아서 무섭나요? 앱스 스크립트의 배포는 그렇지 않습니다. 여러분이 만든 앱스 스크립트를 웹 페이지처럼 쓸 수 있게 해주는 간단한 기능이 있어요. 코드 1~2줄만 추가하면 해볼 수 있는 기능이예요. 이 내용은 **Part 10 굿즈 요청 페이지 만들어 스프레드시트와 연결하기** 에서 공부해요!

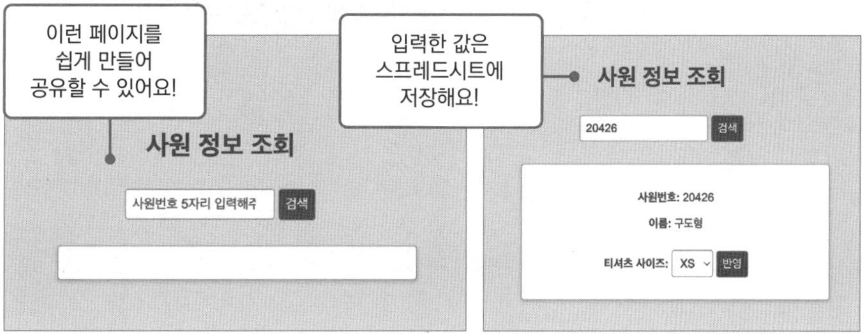

이 밖에도 다양한 자동화 업무 노하우 관련 54가지 실전 예제로 구글 업무를 자동화할 수 있습니다! 코드 작성이 어색하다면 챗GPT의 도움을 받으면 됩니다. 챗GPT 활용 노하우도 알차게 담았어요. 업무 시간은 반으로 줄이고, 업무 효율은 두 배로 늘리는 방법! 지금부터 알아볼까요?

Chapter 02

나의 첫 번째 앱스 스크립트 프로젝트

선생님, 백문이 불여일견이라고 하잖아요! 직접 앱스 스크립트를 만들어 실행해보면서 배우고 싶어요.

학생

선생님

아주 좋은 자세네요. 첫 번째 앱스 스크립트 프로젝트를 만들어 실행해보면, 앱스 스크립트가 무엇이고 어떻게 동작하는지 자연스럽게 이해할 수 있을 거예요. 워밍업으로 딱 좋습니다!

바로 실습 01 앱스 스크립트 프로젝트 만들기

01 앱스 스크립트를 사용하려면 구글 계정이 필요합니다. 만약 구글 계정이 없다면 accounts.google.com에 접속한 뒤 계정을 만듭니다. 이미 구글 계정을 가지고 있다면 로그인하고 ❶ 새 폴더를 자유롭게 만드세요.

TIP 구글 계정 만들기와 로그인은 매우 간단하므로 구체적인 설명은 생략하였습니다.

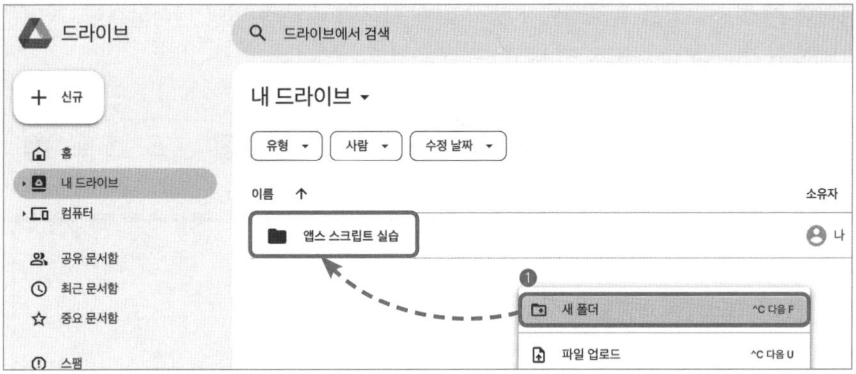

02 이제 폴더에 앱스 스크립트 프로젝트를 만들어보겠습니다. ❶ 폴더 내에서 마우스 오른쪽 클릭을 한 다음 ❷ [더보기 → Google Apps Script]를 눌러 앱스 스크립트 프로젝트를 만드세요.

TIP 크롬 브라우저를 사용하면 구글 서비스를 더 편리하게 사용할 수 있습니다.

TIP 메뉴의 상세 이름은 조금씩 바뀔 수 있습니다만 크게 변하진 않습니다. 화면을 참고하여 실습을 진행하세요.

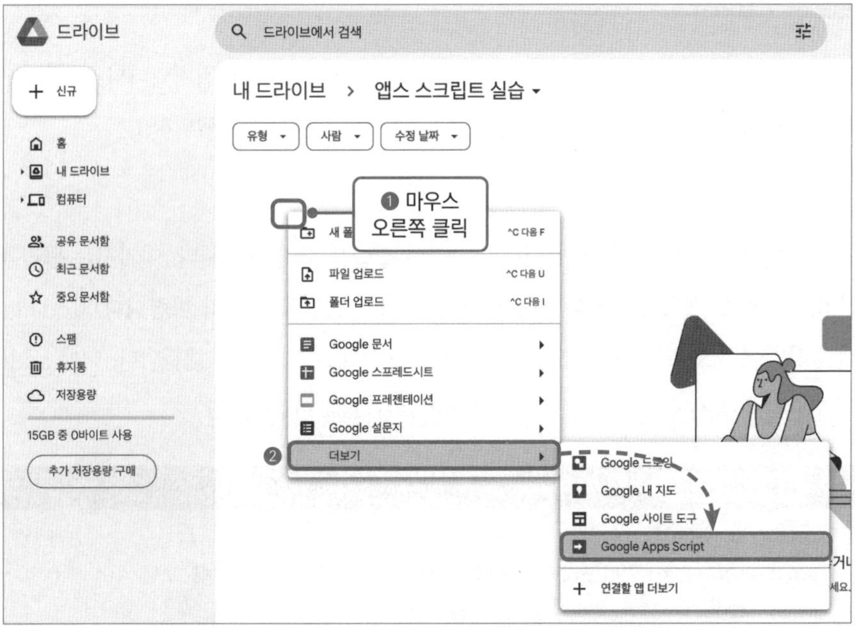

03 그러면 앱스 스크립트 프로젝트가 생성되며, 다음과 같은 화면이 나타납니다. 화면은 크게 두 부분으로 나눠 생각할 수 있습니다.

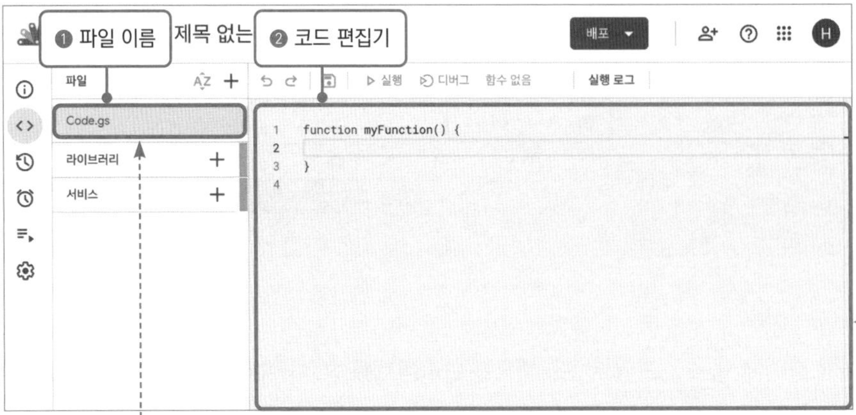

왼쪽 '파일' 영역에서 파일 이름을 볼 수 있습니다. 처음에 앱스 스크립트 프로젝트를 만들면 확장자가 .gs인 파일인 ❶ Code.gs 파일이 기본으로 들어 있습니다. 이 파일이 앱스 스크립트 파일입니다. '파일' 영역에는 .gs 파일 외에도 다양한 파일을 만들어 업무를 자동화해볼 수 있습니다.

❷ 오른쪽 영역은 ❶에서 선택한 파일을 수정할 수 있는 코드 편집기입니다. 현재는 Code.gs를 선택하고 있으므로 코드를 작성하면 Code.gs 파일이 수정됩니다.

04 앱스 스크립트 프로젝트를 생성했으니 간단한 실습을 따라 해봅시다. **여기서는 원리를 이해하기보다 앱스 스크립트가 무엇을 할 수 있는지에 초점을 맞추기 바랍니다.** Code.gs를 선택한 상태에서 오른쪽 편집 화면에 다음 코드를 그대로 따라 입력해봅니다. 이때 address에 입력한 값을 작은따옴표로 감싼 자신의 이메일 주소로 변경하세요.

바로 자동화 코드 bit.ly/4jhRfOK

```
function sendEmail() {
  const address = '여러분의아이디를입력하세요@gmail.com'; // ❶ 보낼 주소
  const subject = '간단한 메일'; // ❷ 제목
```

```
    const body = '이것은 구글 앱스 스크립트를 사용하여 보낸 간단한 메일입니다.'; // ❸ 내용
    MailApp.sendEmail(address, subject, body); // ❹ 메일 보내기
}
```

이 코드는 여러분이 ❶ address에 입력한 메일 주소에 ❷ 제목을 '간단한 메일'로, ❸ 내용을 '이것은 구글 앱스 스크립트를 사용하여 보낸 간단한 메일입니다.'로 적어 ❹ 메일을 1번 보내는 코드입니다.

05 코드를 입력했다면 [저장 아이콘]를 누르거나 Ctrl + S를 눌러 파일을 저장하고, ▷ **실행**을 눌러 코드를 실행할 수 있습니다. 이때 권한에 대한 '승인 필요' 알림창이 나타납니다. ❶ [권한 검토]를 누르고 ❷ 계정 선택 화면에서 자신의 계정을 눌러 권한 처리를 마치세요.

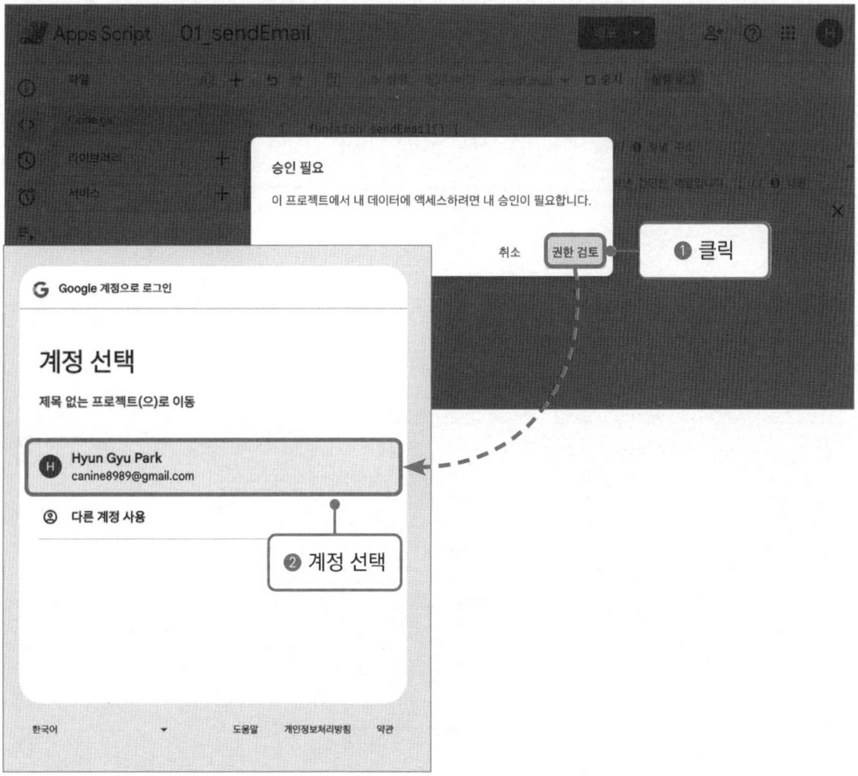

06 그러면 'Google에서 확인하지 않은 앱'이라는 창을 띄웁니다. 이 창이 뜬다면 ❶ '고급'을 누르고 ❷ '~으로 이동'을 누르고 ❸ 액세스 화면에서 [허용]을 누르면 코드를 실행할 수 있습니다. **이 과정은 해당 프로젝트 파일에서 최초 1회 진행합니다.**

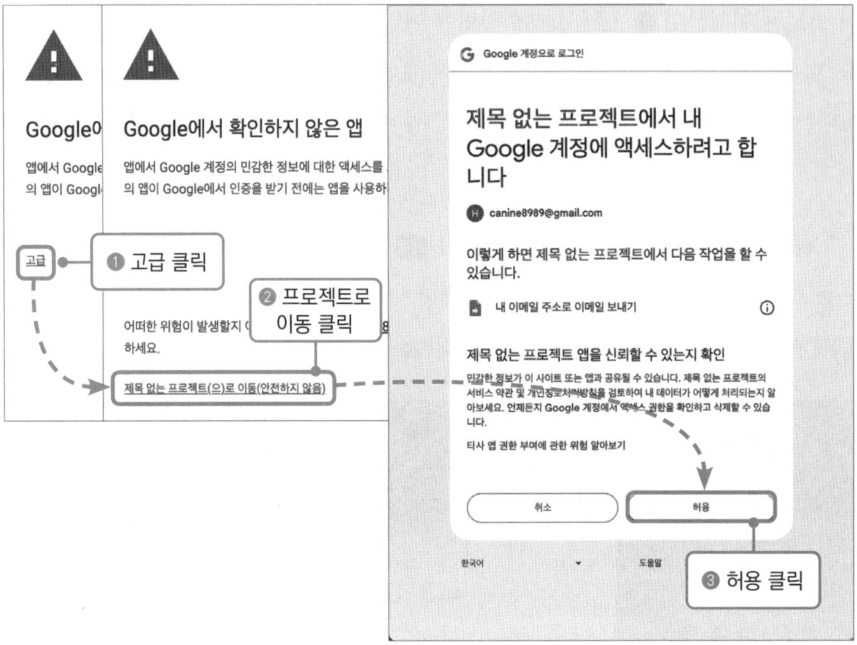
Google에서 확인하지 않은 앱
앱에서 Google 계정의 민감한 정보에 대한 액세스를
의 앱이 Google에서 인증을 받기 전에는 앱을 사용하
고급
❶ 고급 클릭
❷ 프로젝트로 이동 클릭
어떠한 위험이 발생할지
하세요.
제목 없는 프로젝트(으)로 이동(안전하지 않음)
Google 계정으로 로그인
제목 없는 프로젝트에서 내 Google 계정에 액세스하려고 합니다
canine8989@gmail.com
이렇게 하면 제목 없는 프로젝트에서 다음 작업을 할 수 있습니다.
내 이메일 주소로 이메일 보내기
제목 없는 프로젝트 앱을 신뢰할 수 있는지 확인
타사 앱 권한 부여에 관한 위험 알아보기
취소
허용
한국어
도움말
❸ 허용 클릭

그러면 코드가 실행되며 앱스 스크립트 프로젝트 화면 아래에 '실행 로그' 창에 '실행이 시작됨', '실행이 완료됨'이라는 메시지가 보입니다.

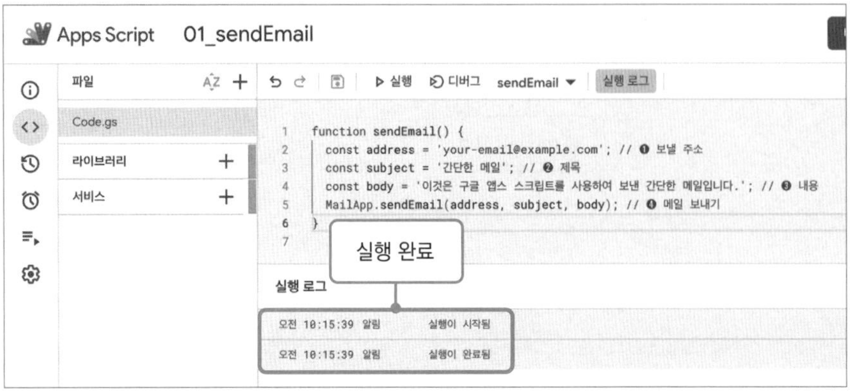
Apps Script 01_sendEmail
파일
Code.gs
라이브러리
서비스
실행
디버그
sendEmail
실행 로그
function sendEmail() {
const address = 'your-email@example.com'; // ❶ 보낼 주소
const subject = '간단한 메일'; // ❷ 제목
const body = '이것은 구글 앱스 스크립트를 사용하여 보낸 간단한 메일입니다.'; // ❸ 내용
MailApp.sendEmail(address, subject, body); // ❹ 메일 보내기
}
실행 완료
실행 로그
오전 10:15:39 알림 실행이 시작됨
오전 10:15:39 알림 실행이 완료됨

07 메일함으로 가볼까요? 여러분에게 메일이 도착했을 것입니다. 이렇게 메일을 앱스 스크립트로 보낼 수 있습니다!

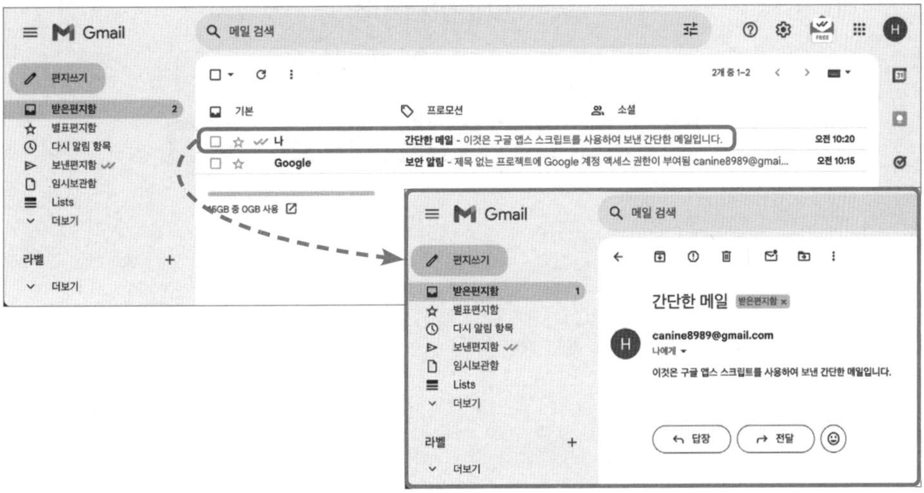

앱스 스크립트의 진가는 반복!

간단한 메일을 보내면서 어떤 생각이 들었나요? **'이런 일이면 그냥 메일로 보내도 되는 거 아니야?'라는 생각이 들었을 수 있습니다.** 하지만 앱스 스크립트를 활용하면 100개가 넘는 고객의 이메일 주소, 서로 다른 메일 내용을 스프레드시트에 정리하고 한 번에 보내는 등의 작업을 할 수 있습니다. 앱스 스크립트를 이용한 자동화는 반복 작업에서 진가를 발휘합니다. 제가 준비한 실습 영상을 보면서 반복 작업의 진가를 확인해보세요.

TIP

이메일 대량 발송 :
bit.ly/42zLYMz

Chapter 03

오류를 해결하는 열쇠, 로그

학생: 선생님, 간단한 메일 보내기를 해보면서 앱스 스크립트가 어떤 건지 조금 감을 잡았어요. 그런데 오류가 생길 때는 어떻게 해야 하나요?

선생님: 앱스 스크립트를 처음 사용할 때는 오류를 자주 마주칠 수 있어요. 그런 상황에서 가장 먼저 해야 할 일은 로그를 확인하는 것입니다. 로그는 프로그래밍 세계에서 실행 과정과 문제를 기록한 보고서 같은 역할을 해요. 오류가 생겼을 때 로그를 살펴보면 원인을 찾는 데 큰 도움이 될 겁니다. 지금부터 로그를 확인하는 방법을 배워볼까요?

바로 실습 02 오류가 발생했을 때 로그 확인하기 + 챗GPT

01 그러면 일부러 오류를 만들어서 코드를 실행해보겠습니다. 앞에서 메일 보내기 코드가 있던 파일을 열어 코드를 조금 망가뜨려보겠습니다. ❶ sendEmail을 senEmail로 만들어서 오타를 내봅니다.

```
function sendEmail() {
  const address = '여러분의아이디를입력하세요@gmail.com';
  const subject = '간단한 메일';
  const body = '이것은 구글 앱스 스크립트를 사용하여 보낸 간단한 메일입니다.';
  MailApp.senEmail(address, subject, body); // ❶ sendEmail을 senEmail로 망가뜨리기
}
```

메일을 받을 이메일 주소를 입력하세요

여기에 일부러 오류를 만들었습니다

02 코드를 실행해봅니다. 그러면 오류가 발생하면서 실행 로그 창에 빨간색 메시지가 나옵니다. 오류 메시지의 내용은 senEmail은 함수가 아니라는 것입니다.

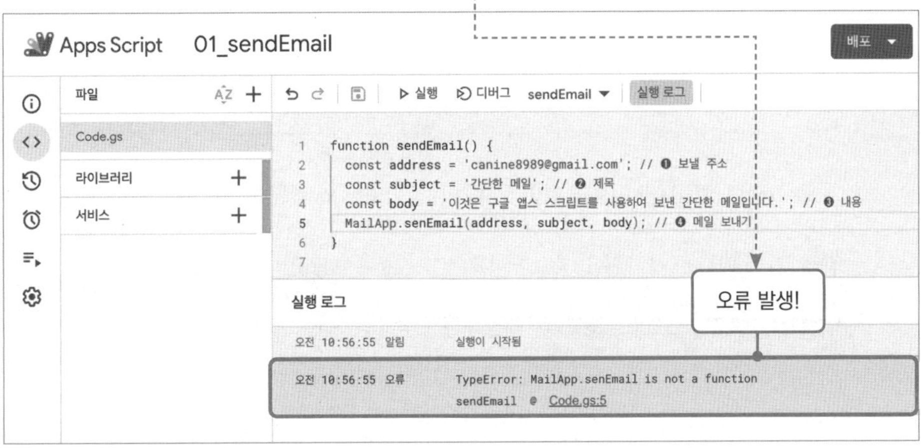
Apps Script
01_sendEmail
배포
파일
Code.gs
라이브러리
서비스
실행
디버그
sendEmail
실행 로그
function sendEmail() {
const address = 'canine8989@gmail.com'; // ❶ 보낼 주소
const subject = '간단한 메일'; // ❷ 제목
const body = '이것은 구글 앱스 스크립트를 사용하여 보낸 간단한 메일입니다.'; // ❸ 내용
MailApp.senEmail(address, subject, body); // ❹ 메일 보내기
}
실행 로그
오류 발생!
오전 10:56:55 알림 실행이 시작됨
오전 10:56:55 오류 TypeError: MailApp.senEmail is not a function
sendEmail @ Code.gs:5

03 오류 메시지를 해석하기 어렵다면 요즘은 챗GPT에게 물어보면 대략의 답을 얻을 수 있습니다. 이렇게 질문하여 답을 얻어보세요.

- ❶ 오류가 발생한 코드를 그대로 복사하여 붙여넣으세요.
- ❷ 오류 발생을 알리고 오류 메시지도 복사하여 붙여넣으세요.

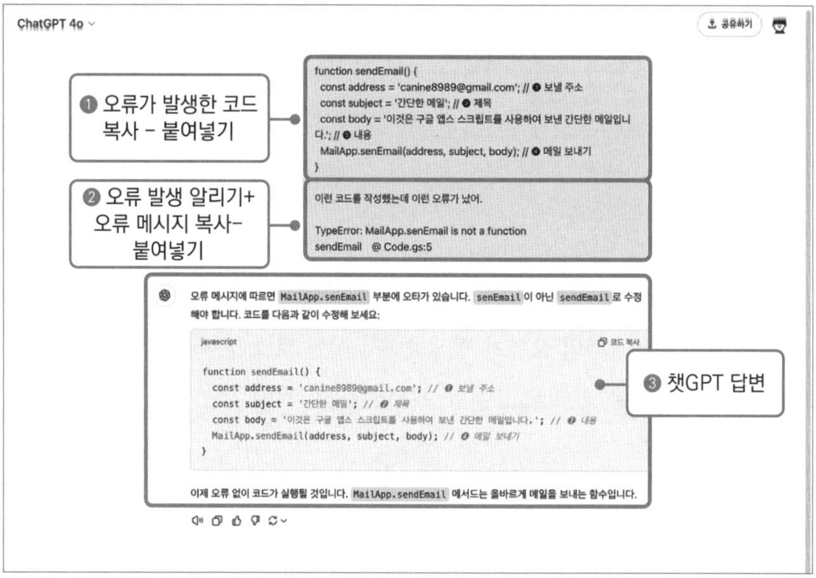
ChatGPT 4o
공유하기
❶ 오류가 발생한 코드 복사 - 붙여넣기
function sendEmail() {
const address = 'canine8989@gmail.com'; // ❶ 보낼 주소
const subject = '간단한 메일'; // ❷ 제목
const body = '이것은 구글 앱스 스크립트를 사용하여 보낸 간단한 메일입니다.'; // ❸ 내용
MailApp.senEmail(address, subject, body); // ❹ 메일 보내기
}
❷ 오류 발생 알리기+ 오류 메시지 복사- 붙여넣기
이런 코드를 작성했는데 이런 오류가 났어.
TypeError: MailApp.senEmail is not a function
sendEmail @ Code.gs:5
오류 메시지에 따르면 MailApp.senEmail 부분에 오타가 있습니다. senEmail 이 아닌 sendEmail 로 수정해야 합니다. 코드를 다음과 같이 수정해 보세요:
javascript
코드 복사
function sendEmail() {
const address = 'canine8989@gmail.com'; // ❶ 보낼 주소
const subject = '간단한 메일'; // ❷ 제목
const body = '이것은 구글 앱스 스크립트를 사용하여 보낸 간단한 메일입니다.'; // ❸ 내용
MailApp.sendEmail(address, subject, body); // ❹ 메일 보내기
}
❸ 챗GPT 답변
이제 오류 없이 코드가 실행될 것입니다. MailApp.sendEmail 메서드는 올바르게 메일을 보내는 함수입니다.

- ❸ 그러면 챗GPT가 다음과 같이 오류가 발생한 이유와 함께 제대로 된 코드를 알려줍니다.

> 작성하신 구글 앱스 스크립트 코드에서 오류가 발생한 이유는 다음과 같습니다.

이렇게 로그와 챗GPT를 활용하면 여러분이 작성한 코드가 잘 실행되지 않을 때 오류를 쉽게 해결할 수 있습니다. 앞으로 실습을 진행할 때 이 과정을 기억해두었다가 유용하게 활용해보세요. 다음 실습을 통해 그 과정을 직접 해봅시다.

바로 실습 03 챗GPT로 오류 해결하기

01 만약 오류 메시지를 봐도 잘 모르겠다면 챗GPT에게 물어보세요. 챗GPT는 앱스 스크립트를 제법 잘합니다. 대부분의 오류는 쉽게 해결해줄 거예요! 오류가 발생한 코드를 복사해서 붙여넣은 다음 이렇게 물어보세요!

앱스 스크립트를 작성해서 오류가 발생했는데 어떤 것 때문에 발생했고, 무엇을 해결해야 하는지 말해줘.

여기에 여러분의 코드
내용을 붙여넣으세요.

작성하신 구글 앱스 스크립트 코드에서 오류가 발생한 이유는 다음과 같습니다.

함수 이름 오타

MailApp.senEmail로 작성된 부분이 올바른 함수 이름이 아니라서 발생한 문제입니다. 구글 앱스 스크립트에서 이메일을 보내는 올바른 함수 이름은 MailApp.sendEmail입니다.

해결방법

오타를 수정하여 함수 이름을 올바르게 작성해야 합니다. 즉, senEmail을 sendEmail로 변경하십시오.

수정된 코드는 다음과 같습니다:

```
const address = '여러분의아이디를입력하세요@gmail.com';
const subject = '간단한 메일';
const body = '이것은 구글 앱스 스크립트를 사용하여 보낸 간단한 메일입니다.';
MailApp.sendEmail(address, subject, body); // ❶ sendEmail로 수정
```

추가 확인 사항

- address 변수 : 테스트를 위해 사용 가능한 유효한 이메일 주소를 입력했는지 확인하세요.
- 스크립트 권한 : MailApp.sendEmail을 처음 사용하는 경우, 구글 계정에 권한을 부여해야 합니다. 이를 위해 스크립트를 실행하면 권한 요청이 표시됩니다.

02 위 내용을 적용한 뒤, 스크립트를 다시 실행해보세요. 오류가 해결되어 이메일이 잘 보내지는 것을 확인할 수 있습니다.

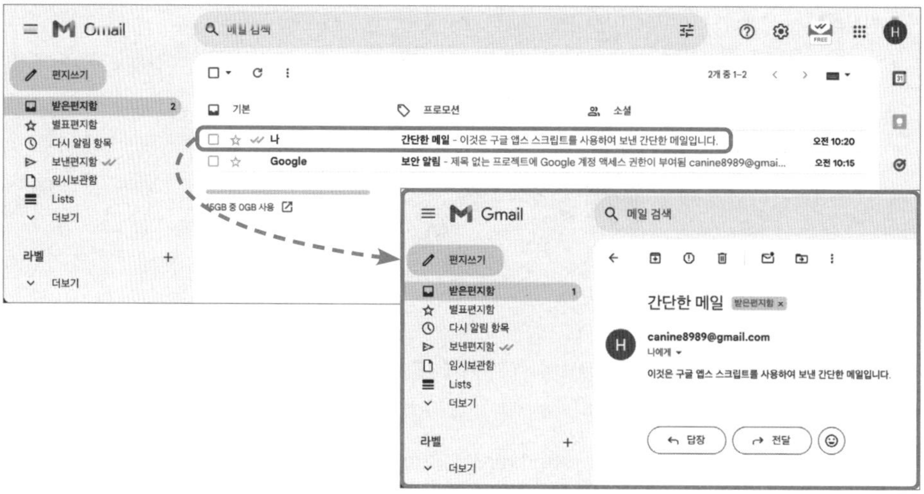

바로 실습 04 로그 직접 출력해보기

이번에는 조금 다른 내용을 진행해보겠습니다. 로그는 오류가 발생했을 때도 출력할 수 있지만 여러분이 원하는 시점에 그냥 출력할 수도 있습니다. 이번에는 코드 내에서 실행해야 하는 함수가 여러 개일 때를 가정하여 로그를 출력해봅니다.

TIP 함수의 진짜 의미는 이 책에서 설명하기 복잡하므로 간단하게 '기능별로 묶어 놓은 코드의 뭉치 정도'로 이해하기 바랍니다.

01 독립형 스크립트 프로젝트를 하나 더 만들고 다음과 같이 코드를 작성해봅니다.

```
function myFunction_1() {
  Logger.log('Hello, World 1');
}

function myFunction_2() {
  Logger.log('Hello, World 2');
}
```

코드를 작성할 때는 Logg까지 입력하면 입력창 아래에 'Logger를 사용하려고 하시나요?'를 묻는 것처럼 자동 완성창이 나타날 것입니다. 네이버나 구글 검색 창에 검색어를 입력하면 나오는 자동 완성 기능처럼 말이죠. 이런 창이 나오면 방향키로 입력하고자 하는 코드를 선택한 뒤 Enter 를 누르세요. 코드 입력 시간이 줄어 편리할 것입니다.

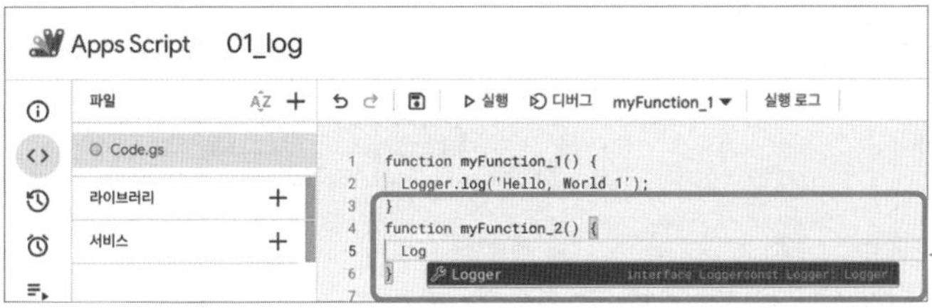

02 코드를 다 입력했으면 [저장] 버튼을 클릭하거나 Ctrl + S 를 눌러 저장합니다. 그리고 메뉴를 살펴봅니다. [디버그] 버튼 오른쪽에 [myFunction_1]이라는 선택 항목이 보입니다. 이것을 누르면 여러분이 작성한 함수의 목록이 나옵니다. 함수를 선택한 다음에 실행하면 그 함수가 실행되는 것입니다.

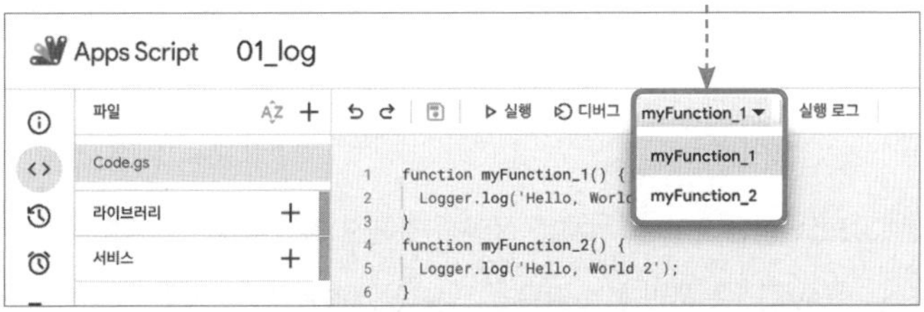

코드가 복잡해지면 어떤 함수를 실행했는지 구분하기 어려워지겠죠? 그럴 때 로그에 '내가 실행한 함수는 무엇무엇이야'라고 출력할 수 있다면 로그를 보고 어떤 함수를 실행했는지 구분하기 쉬워질 것입니다.

03 [myFunction_1], [myFunction_2]로 바꿔가며 함수를 실행해보세요. 실행할 때마다 다른 로그가 출력될 것입니다. 선택 항목과 로그를 함께 보면서 실행한 함수가 무엇인지 짐작하기 좋아졌네요.

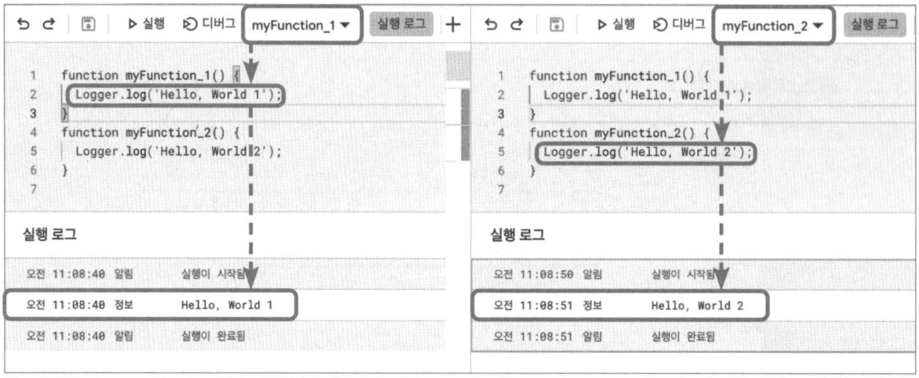

로그는 이런 용도 외에도 다양한 방식으로 활용할 수 있습니다. 앞으로 여러 문제를 해결하면서 적절하게 로그를 활용하는 방법도 알아보겠습니다. 우선은 '로그가 이런 것이다'라는 정도만 알아두면 됩니다.

마무리 요약

- ☑ 챗GPT에게 내가 작성한 코드와 함께 오류 메시지를 전달하면 해결 방법을 알려줍니다.
- ☑ 프로젝트에 작성한 코드를 함수로 구분하면 함수별로 코드를 실행할 수 있습니다.

정말 쉽네?

Part 02

앱스 스크립트 기초 문법 다지기

여기서 공부할 내용

Part 01 구글 업무 자동화의 첫 만남 에서 앱스 스크립트를 경험하며 코드 작성의 필요성을 느꼈을 것입니다. 앞으로 다양한 문제를 해결하며 코드를 작성할 것입니다. 이제 기초 문법과 프로그래밍 개념을 살펴보겠습니다. 처음엔 어려울 수 있지만, 이해되지 않아도 끙끙대지 말고 다음 장 실습을 통해 실행해본 뒤 필요한 내용을 다시 공부해도 괜찮습니다.

Chapter 04

변수 알아보기

선생님, 예전에 수학 시간에 x를 '변수'라고 배웠던 게 기억나요. 컴퓨터 프로그래밍에서도 변수라는 말을 쓰던데, 같은 개념인가요?

학생

선생님

아주 좋은 질문이에요! 프로그래밍에서의 변수는 수학의 변수와 비슷하면서도 조금 달라요. 수학에서는 변수가 미지수를 나타내지만, 프로그래밍에서는 어떤 값을 보관하는 용도로 사용됩니다. 예를 들어 어떤 숫자, 텍스트, 혹은 데이터를 담아두고 필요할 때 변수를 사용할 수 있죠.

변수가 값을 보관하는 용도로 쓰인다고 하셨잖아요. 잘 이해가 안 되어서 그런데 변수를 좀 더 쉽게 이해할 수 있을까요?

학생

선생님

물론이죠! 변수를 상자로 생각해보세요. 이 상자에는 어떤 값이든 넣을 수 있고, 상자에 이름을 붙이면 그것을 변수라고 부르는 겁니다.

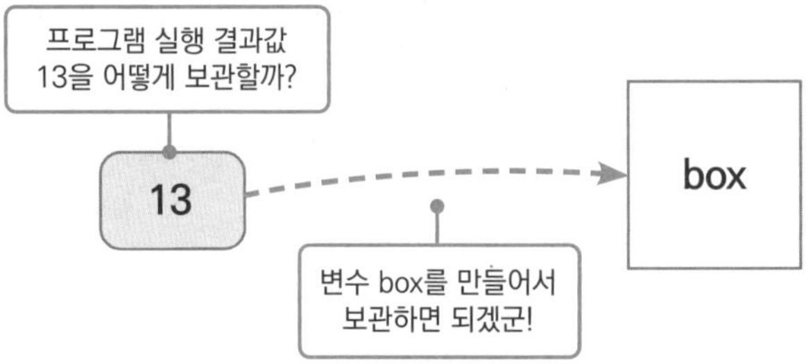

바로 실습 05 앱스 스크립트에서 변수 사용해보기

01 그럼 실습을 통해 변수가 무엇인지 알아봅시다. 독립형 스크립트를 하나 새로 만들고, 다음과 같이 코드를 작성합니다.

```
function myFunction() {
  const x = 1; // ❶ 변수에 숫자 보관
  const y = '삶은 다 거기서 거기'; // ❷ 변수에 문자열 보관
  let z; // ❸ 빈 변수만 만들고
  z = 30; // ❹ 나중에 숫자 보관
}
```

❶ 변수에 숫자를 바로 보관했습니다.

❷ 변수에 문자열을 바로 보관했습니다. 작은따옴표나 큰따옴표를 이용하여 문자나 문장을 묶은 것을 문자열이라고 합니다.

❸~❹ 빈 변수를 먼저 만들고 나중에 숫자를 보관했습니다. 이 과정은 ❶이나 ❷와 비교했을 때 변수에 값을 보관하는 과정이 사뭇 다릅니다. ❶이나 ❷는 변수를 만듦과 동시에 = 연산자를 이용하여 값을 바로 저장했고, ❸~❹ 과정은 변수를 빈 상태로 만든 후에 ❹ 나중에 값을 저장했습니다.

이렇게 변수는 변수를 만들면서 값을 저장할 수도 있고, 변수를 만든 후에 값을 저장할 수도 있습니다.

바로 실습 06 변수에 할당한 값 출력하기

01 변수에 값을 할당했으니 할당된 값을 출력해보겠습니다. 이 과정을 통해 '변수에 있는 값을 사용한다'라는 것이 무엇인지 감을 잡아보기 바랍니다.

```
function myFunction() {
  const x = 1;
  const y = '삶은 다 거기서 거기';
  let z;
  z = 30;

  Logger.log('변수 x에 할당한 값은 ' + x + '입니다.');
  Logger.log('변수 y에 할당한 값은 ' + y + '입니다.');
  Logger.log('변수 z에 할당한 값은 ' + z + '입니다.');
}
```

다음 화면에 코드와 출력한 값을 맞춰 읽을 수 있도록 박스와 화살표를 표시했습니다. 아마 보자마자 변수의 역할이 뭔지 감을 잡을 수 있을 겁니다. 변수에 저장한 값을 로그에서 사용하니 변수의 값을 출력할 수 있네요.

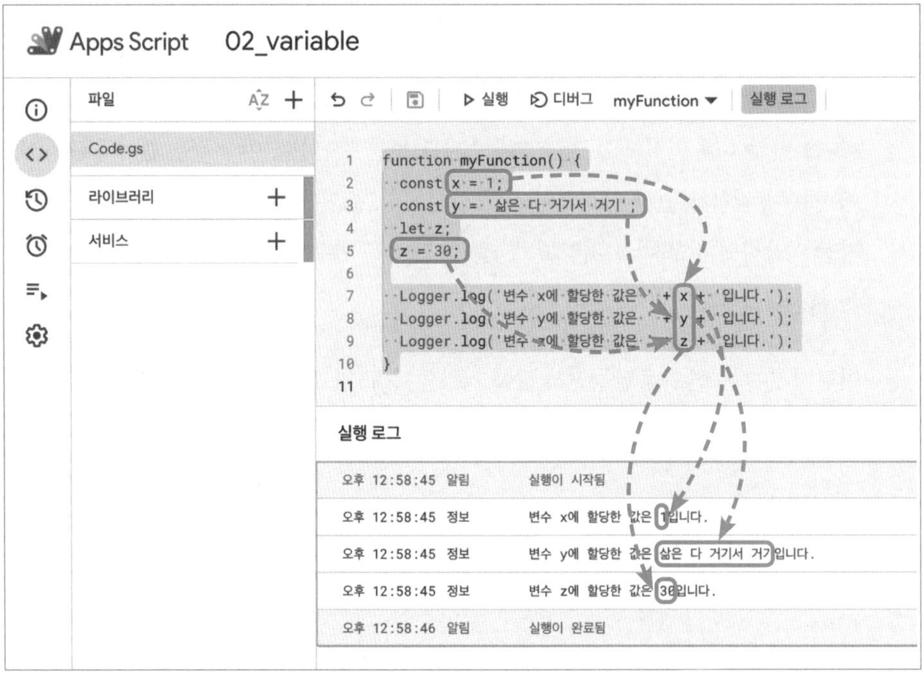

변수를 선언하는 방법에도 차이가 있어요

변수를 선언할 때 변수명 앞에 있는 const, let 같은 문자가 신경 쓰였을 것입니다. **이 문자는 앱스 스크립트에서 변수를 선언할 때 '이건 변수야'라고 표시하는 표시자 같은 것입니다.** 이 표시자의 공식 명칭은 키워드라고 합니다. 정리하자면 const, let 키워드를 변수명 앞에 붙이면 그때부터 변수로서 의미가 생기는 것입니다.

```
const x = 1;
const y = '삶은 다 거기서 거기';
let z;
```

const와 let은 같은 변수라고 하더라도 변수의 성질을 다르게 만들어줍니다.

- **const**는 변수를 선언한 후에 값을 변경할 수 없는 성질을 갖게 합니다.
- **let**은 변수를 선언한 후에 값을 변경할 수 있는 성질을 갖게 합니다.

쉽게 말해 const는 뚜껑이 닫힌 상자를, let은 뚜껑이 열린 상자를 생각하면 됩니다. 앞으로 두 종류의 변수 키워드를 필요에 따라 사용할 텐데 자세한 내용은 사용하면서 이야기하겠습니다.

Chapter 05

함수 알아보기

학생: 선생님 이런 함수 수식과 프로그래밍에서의 함수도 비슷한 개념인가요?

선생님: 맞아요, 기본 개념은 비슷해요. 하지만 약간의 차이가 있어요. 프로그래밍에서의 함수는 수학의 함수처럼 어떤 입력값을 받아서 어떤 작업을 수행하고 결과를 반환하는 점에선 비슷해요. 하지만 프로그래밍에서의 함수는 단순히 값을 도출하는 것뿐만 아니라 여러 동작을 묶어 효율적으로 처리하기 위한 것에 더 가까워요. 실습을 통해 구체적으로 알아보죠!

바로 실습 07 앱스 스크립트에서 함수 사용해보기

01 그럼 앱스 스크립트에서 함수를 사용해보겠습니다. 다음 코드를 따라 입력해봅니다.

```
  ❶ ❷    ❸    ❹
function myFunction(){
  Logger.log("아무것도 받지 않고 아무것도 내보내지 않아요.");  ❺
}
function plus(a, b){
  Logger.log("제가 입력 받은 값은" + a + "와" + b + "입니다.");
  return a + b
}
```

함수 설명은 다음과 같습니다.

❶ function이라는 키워드를 입력합니다.

❷ 한 칸 띕니다.

❸ 함수 이름을 마음대로 짓습니다. 보통 연습 삼아 함수 이름을 지을 때는 my-를 붙여서 많이 짓습니다.

❹ 소괄호로 매개변수를 감싸고 쉼표로 구분하여 나열합니다. 이때 매개변수는 있어도 되고 없어도 됩니다.

❺ 중괄호 { }로 감싸고 중괄호 내에 함수 범위를 규정합니다.

이렇게 함수를 구성하는 것을 '함수를 선언한다'라고 합니다. 번호와 문장을 맞춰 나열하였으니 확인하며 함수를 선언하는 형식을 눈여겨보기 바랍니다.

myFunction()함수와 plus() 함수를 자세히 보면 두 가지 차이를 확인할 수 있습니다.

- **매개변수의 차이 :** myFunction( ) 함수는 아무런 매개변수가 없지만 plus( ) 함수는 2개의 매개변수가 있습니다.
- **반환값의 차이 :** myFunction( ) 함수는 return이라는 키워드로 반환하지 않는데 plus( ) 함수는 return이라는 키워드로 a + b를 반환합니다.

이 차이에 대해서 하나씩 설명하겠습니다.

매개변수와 반환값 알아보기

소괄호에 있는 무언가를 매개변수라고 합니다. 영어로는 파라미터parameter라고 합니다. 그래서 개발자들은 매개변수를 파라미터라고 읽기도 합니다. 여기서는 매개변수라고 하겠습니다. 이 매개변수는 함수 입구에 이름을 붙인 것에 해당합니다. **그리고 어떤 값을 내보내는 것을 '반환한다'라고 하고, 내보낼 값을 반환값이라고 합니다.**

예를 들어 앞에서 매개변수를 아무것도 넣지 않은 myFunction() 함수는 입구가 없는 것입니다. 물론 반환도 하지 않으니 결과를 내보낼 출구도 없습니다. 이 함수는 함수 내에 있는 코드만 실행합니다.

```
function myFunction() {

}
```

반면 매개변수가 a, b로 2개인 plus() 함수는 다음과 같은 그림으로 생각할 수 있습니다. 입구 2개가 있고, 각각의 입구로 어떤 값을 받습니다. 그리고 출구로 어떤 것을 내보내는데 a + b를 내보냅니다.

```
function plus(a, b){
   return a + b
}
```

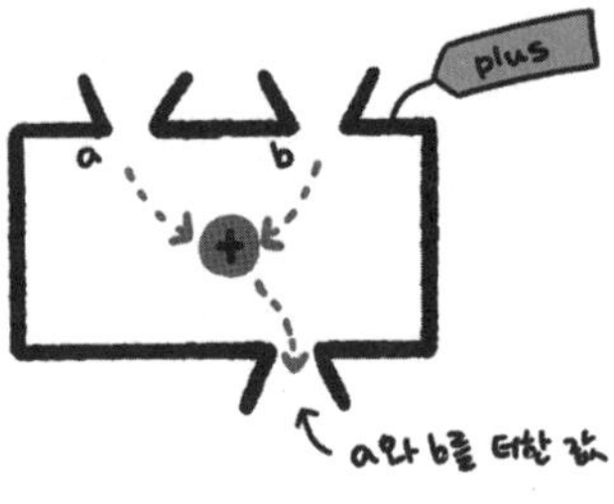

이렇게 함수는 매개변수로 어떤 값을 받아서 어떤 처리를 할 수 있고, 값을 반환하여 내보낼 수 있습니다. 만약 매개변수도 없고 반환값도 없으면 그 함수는 함수가 가진 코드만 실행하는 겁니다. 가끔은 아무것도 받지 않고 아무것도 내보내지 않는 함수도 쓰일 때가 있습니다.

바로 실습 08 매개변수와 반환값 사용해보기

01 그러면 실제로 코드에서 plus( ) 함수를 사용해봅시다. 함수를 사용하려면 매개변수에 넘겨줄 값을 입력하면서 사용하면 됩니다. 앱스 스크립트는 어떤 함수를 선택하여 실행하는 구조이므로 myFunction( ) 함수에서 plus( ) 함수를 사용하는 방식으로 코드를 수정하겠습니다.

```
function myFunction(){
  plus(1, 2);
}
function plus(a, b){
  Logger.log("제가 입력 받은 값은" + a + "와" + b + "입니다.");
  return a + b;
}
```

myFunction( ) 함수를 실행하면 → plus(1, 2)를 실행하여 → 문장을 출력하고 → 값을 반환합니다

02 myFunction( ) 함수를 선택하고 ▷ **실행**을 눌러 함수를 실행하면 함수 내부에서 plus(1, 2)를 실행합니다.

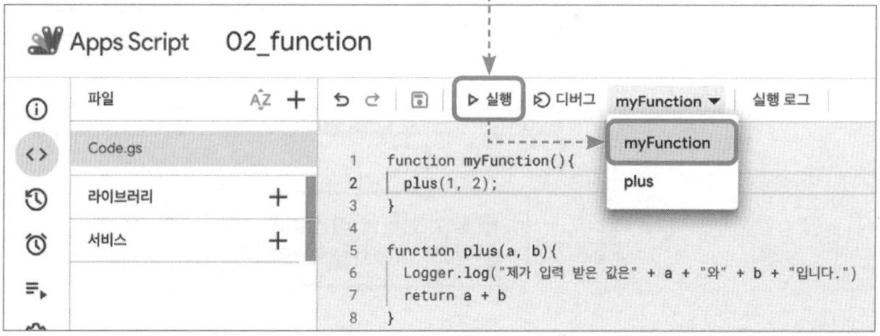

실행 로그

오후 2:44:17	알림	실행이 시작됨
오후 2:44:17	정보	제가 입력 받은 값은1와2입니다.
오후 2:44:17	알림	실행이 완료됨

실행 결과를 보면 plus( ) 함수에 있는 로그 함수만 실행된 것처럼 보입니다만 함수가 반환한 값(3)도 있습니다. 다만 이 반환값을 아직 사용하지 않았을 뿐입니다.

03 반환값을 사용하려면 이 값을 변수로 받거나 사용해야 합니다. myFunction( ) 함수를 조금 수정하고 다시 실행해봅시다.

```
function myFunction(){
  result = plus(1, 2); // 함수 반환값을 result에 저장
  Logger.log("plus( ) 함수를 실행하여 얻은 값은" + result + "입니다.");
}
function plus(a, b){
  Logger.log("제가 입력 받은 값은" + a + "와" + b + "입니다.");
  return a + b;
}
```

실행 결과

```
제가 입력 받은 값은1와2입니다.
plus( ) 함수를 실행하여 얻은 값은3입니다.
```

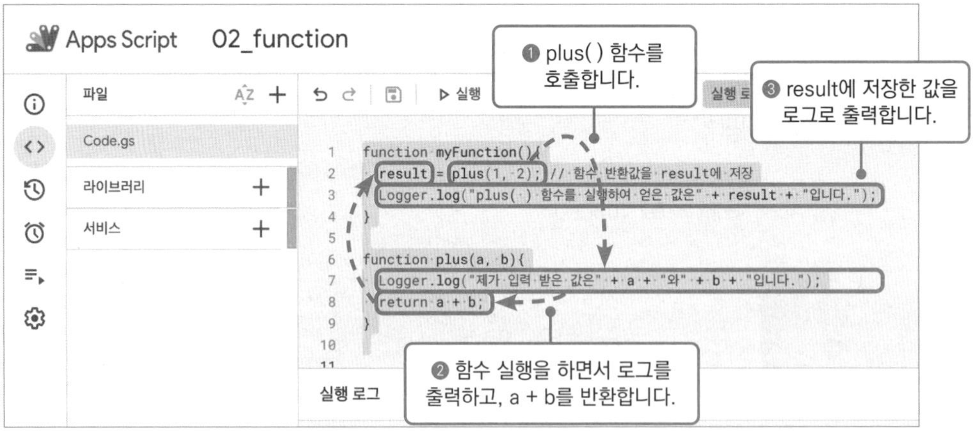

Apps Script 02_function
❶ plus( ) 함수를 호출합니다.
❷ 함수 실행을 하면서 로그를 출력하고, a + b를 반환합니다.
❸ result에 저장한 값을 로그로 출력합니다.

마무리 요약

- ☑ 함수는 어떤 값을 받아서 계산하거나 코드를 실행하고 값을 반환합니다.
- ☑ 함수가 받는 값을 매개변수, 반환하는 값을 반환값이라고 합니다.
- ☑ 반환값이 없는 함수도 있습니다.

정말 쉽네?

Part 03

메일링 자동화하기

여기서 공부할 내용

이제 본격적인 업무를 처리해볼 시간입니다. 여기서는 골든래빗에서 고객에게 청구 금액을 메일링하는 상황을 가정하여 실습을 진행합니다. 실제로도 구글 스프레드시트에 고객 데이터를 정리하고 정기적으로 메일링을 하는 일이 많을 겁니다. 여러분은 앞으로 다양한 상황에서 메일링을 자동화하는 방법을 배우게 될 겁니다. 그럼 천천히 시작해봅시다.

Chapter 06

한꺼번에 이메일 100개 보내기

학생: 선생님, 고객사 100명에게 대금 청구서를 보내려는데, 지금은 수작업으로 하고 있어요. 처음 몇 번은 괜찮았는데... 고객이 점점 늘어나고 있어요. 이런 반복 작업을 하라고 하면 실수할 것 같기도 하고, 너무 많아서 힘들어요. 이런 일을 자동으로 처리할 방법은 없을까요?

선생님: 아주 좋은 질문이에요! 고객이 많아지면 반복 작업은 실수하기 쉽고, 시간도 너무 많이 들죠. 이런 경우 앱스 스크립트를 사용하면 큰 도움이 돼요.

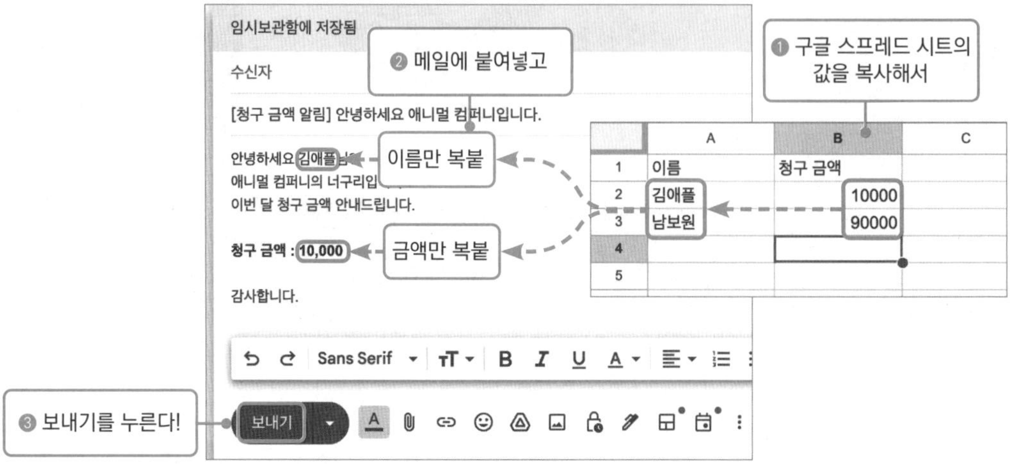

선생님

그림에서 보는 것처럼 앱스 스크립트를 이용하면 구글 스프레드시트에서 데이터를 가져와 각 고객에게 자동으로 청구서를 보내는 작업을 쉽게 설정할 수 있답니다. 실습을 통해 이 문제를 해결하는 방법을 배워볼까요?

분석하기 정확히 무엇이 문제일까?

메일링 자동화를 하기 전에 자신이 처한 문제 상황을 명확하게 분석해야 제대로 작업을 진행할 수 있습니다. 하나씩 정리해봅시다.

분석 01 메일을 100개씩 보내야 한다

지금 여러분은 메일을 100개씩 보내야 합니다. 정기적으로 한다면 횟수는 더 많아질 것입니다. 그런데 사람이 같은 일을 반복하기는 쉽지 않죠. **이런 반복 업무는 컴퓨터와 코드를 이용하여 해결하는 것이 좋습니다.**

분석 02 구글 스프레드시트에서 값을 '복붙'하고 있다

어느 정도 업무를 편안하게 하기 위한 방법으로 구글 스프레드시트를 사용한다고 해봅시다. 구글 스프레드시트에 자신이 이메일에 보내야 하는 값을 정리하는 것입니다. **하지만 이렇게 해도 문제는 여전히 남아 있습니다. 이 값들을 마우스로 하나씩 클릭하고, 복붙하고 있는 것이죠.** 이렇게 작업을 하면 반드시 실수가 생깁니다. 3열의 A값을 복사해야 하는데 잘못 클릭하여 B값을 복사할 수도 있고, 아니면 4열을 복사할 수도 있죠. 지금은 정보가 100개지만 고객이 늘어나 정보가 1,000개가 되면 실수는 더 많아질 것입니다. 만약 컴퓨터가 구글 스프레드시트의 값을 순서대로 하나씩 읽어 메일로 복붙하게 만들 수 있다면 이런 실수는 일어나지 않을 것입니다. **그래서 우리는 구글 스프레드시트와 구글 앱스 스크립트를 연동하여 문제를 해결할 것입니다.**

분석 03 템플릿을 '복붙'하고 있다

이것도 아주 사소하지만 피곤한 문제입니다. 템플릿은 다음과 같습니다.

메일 제목

[청구 금액 알림] 안녕하세요 골든래빗입니다.

메일 내용

여기도 수정하고

안녕하세요 김애플님?

골든래빗의 캐비지입니다.

이번 달 청구 금액 안내드립니다.

여기도 수정하고

청구 금액 : 10,000

감사합니다.

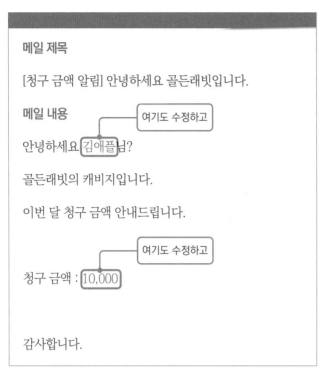

드래그에 수정에...
바쁘다 바빠!!!

전체 템플릿을 복사하는 것도 일이지만 중간에 있는 값을 마우스로 드래그하여 선택하는 것도 일입니다. 이 문제를 해결하는 방법도 **구글 앱스 스크립트**입니다.

자 이제 문제가 다 정리되었습니다. 지금부터 구글 앱스 스크립트로 구글 스프레드시트에 있는 값들을 읽어 자동으로 메일을 발송해볼까요?

바로 실습 09 챗GPT로 데이터 만들기

그러면 지금부터 문제를 해결하기 위해 필요한 기초 데이터를 준비해보겠습니다. 우선은 고객사의 데이터가 필요하겠죠? 구글 스프레드시트를 생성하여 고객의 이름과 청구 대금을 100개만 입력해봅시다.

01 챗GPT에 접속하여 이렇게 부탁해봅시다.

고객 이름, 청구 대금 열이 있는 표가 필요해. 100개의 행을 만들어 줘.

- 고객 이름은 한글 이름으로 무작위로 만들어.
- 청구 대금은 5자리 숫자로 고정해.
- 탭으로 셀을 구분해줘

고객 이름과 청구 대금이 포함된 표 100개 행을 생성하여 보여드렸습니다. 필요한 추가 사항이 있으면 알려주세요.

고객 이름 및 청구 대금 표

	고객 이름	청구 대금
1	최민준	70184
2	강하윤	72755
3	최서연	43439
4	강민준	49791
5	박수현	33232
6	강예준	80224

02 데이터가 생겼습니다. 이제 이 데이터를 다운로드하고 파일을 연 다음, 값들을 그대로 복사하여 스프레드시트에 붙여넣겠습니다. 스프레드시트 파일 이름은 자유롭게 지어주세요.

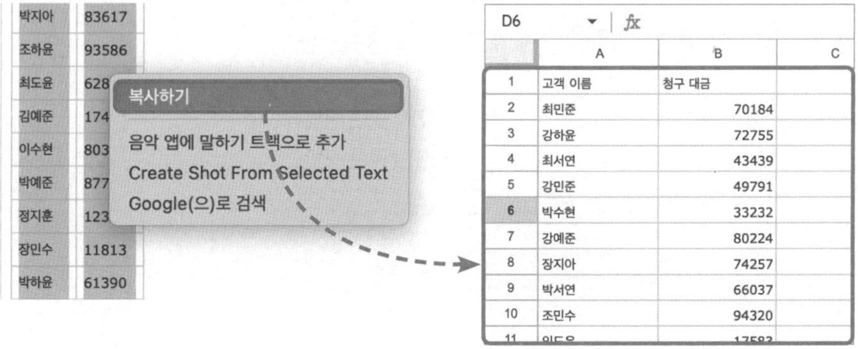

03 이 스프레드시트를 이용하여 메일을 보낼 것입니다. 메일을 보내기 위해 오른쪽에 2개의 열을 추가합니다. C열에는 회사 이름을, D열에는 이메일 주소를 입력합니다. **D열에 입력할 이메일 주소는 여러분이 메일을 보낼 주소이므로 실습 결과를 바로 확인하기 위해 자신의 이메일을 입력하기 바랍니다. 결과 화면을 참고하여 데이터를 준비하세요.**

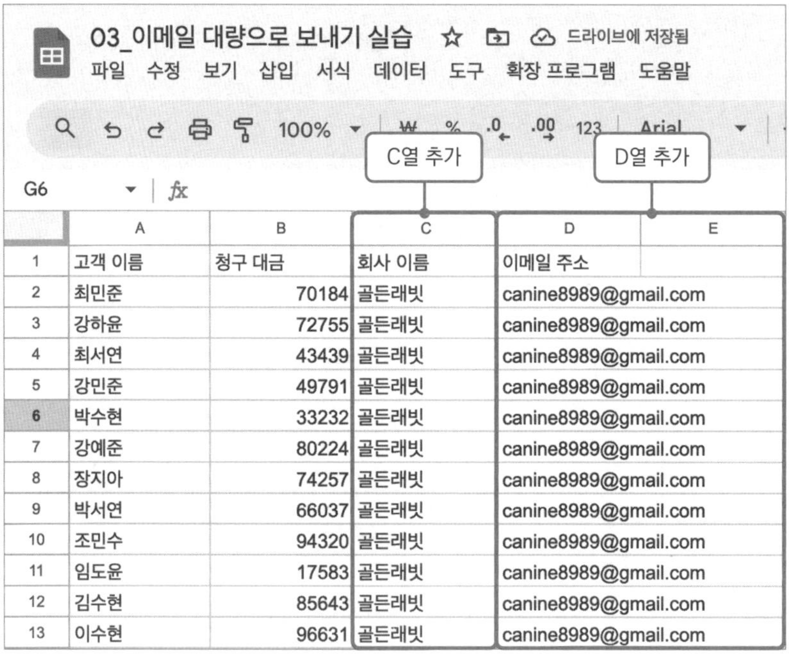

	A	B	C	D	E
1	고객 이름	청구 대금	회사 이름	이메일 주소	
2	최민준	70184	골든래빗	canine8989@gmail.com	
3	강하윤	72755	골든래빗	canine8989@gmail.com	
4	최서연	43439	골든래빗	canine8989@gmail.com	
5	강민준	49791	골든래빗	canine8989@gmail.com	
6	박수현	33232	골든래빗	canine8989@gmail.com	
7	강예준	80224	골든래빗	canine8989@gmail.com	
8	장지아	74257	골든래빗	canine8989@gmail.com	
9	박서연	66037	골든래빗	canine8989@gmail.com	
10	조민수	94320	골든래빗	canine8989@gmail.com	
11	임도윤	17583	골든래빗	canine8989@gmail.com	
12	김수현	85643	골든래빗	canine8989@gmail.com	
13	이수현	96631	골든래빗	canine8989@gmail.com	

04 마지막으로 시트 이름을 list로 변경합니다. 스프레드시트의 데이터를 앱스 스크립트로 읽을 때 시트를 구분하므로 이름을 적절히 지어두는 것입니다.

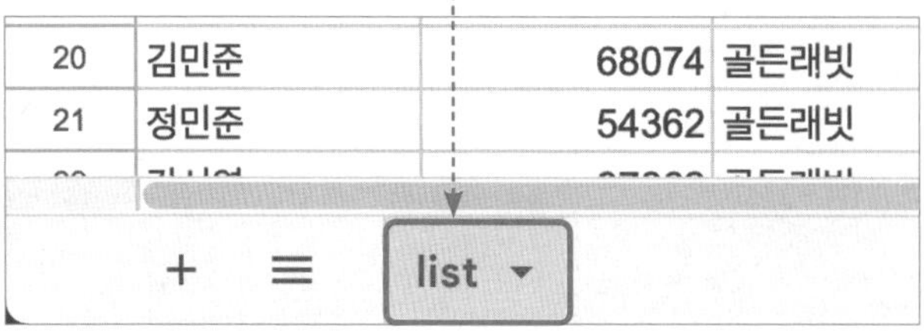

05 이제 메일의 몸통 역할을 할 메일 템플릿도 입력합시다. 메일 템플릿 내용도 구글 스프레드 시트에 입력해두었다가 나중에 코드에서 읽어 들일 것입니다. 새 시트를 만듭니다. 이름은 'template'입니다.

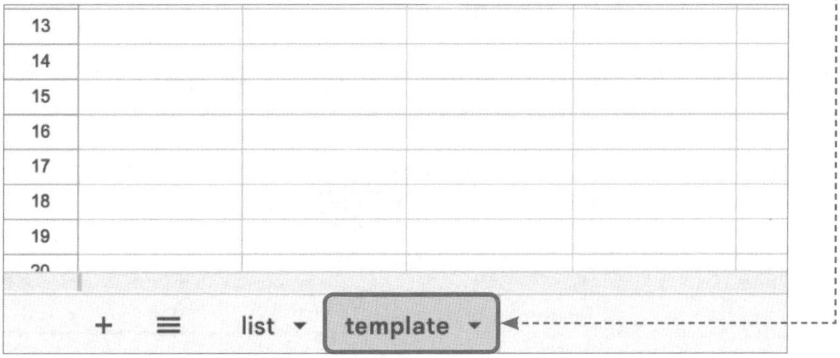

06 여기도 제목과 본문 열을 만들어 템플릿을 만듭니다. 이때 이름과 청구 금액을 복붙하던 부분을 각각 〈name〉과 〈billing〉으로 입력해둡니다. 나중에 코드로 여기를 자동으로 채울 것입니다. 주의할 점은 name과 billing의 스펠링이 틀리면 안 된다는 것입니다. 이것도 다 이유가 있습니다. 나중에 코드를 작성하며 다시 설명하겠습니다.

TIP 셀 안에서 줄바꿈을 할 때는 Alt + Enter 를 눌러주세요.

	A	B	C	D
1	제목	본문		
2	여기에 제목이 들어갑니다.	안녕하세요 <name>님. 이번 달 청구 금액 안내드립니다. 청구 금액 : <billing> 감사합니다.		
3				
4				

이제 데이터가 준비되었습니다. 그럼 다시 문제 상황으로 돌아가 이 데이터를 이용하여 어떻게 수백 개의 이메일을 자동으로 보낼 수 있을지 알아봅시다.

바로 실습 10 이메일에 쓸 데이터 가져오기

챗GPT로 만든 스프레드시트 파일에 구글 앱스 스크립트를 붙여 문제를 해결하는 과정을 알아봅시다.

01 스프레드시트의 상단 메뉴에서 [확장 프로그램 → Apps Script]를 선택합니다.

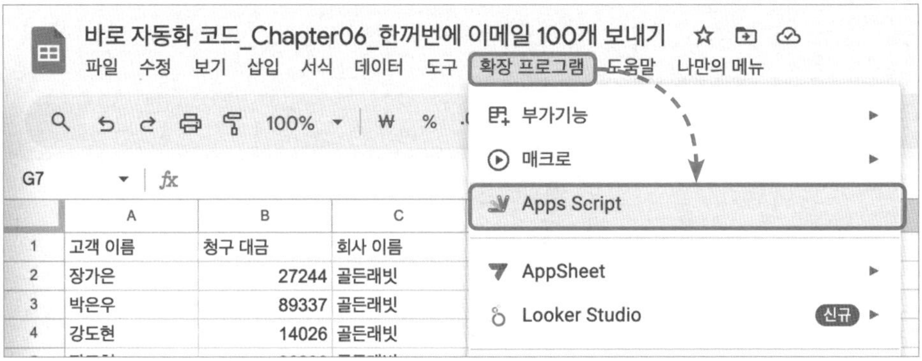

02 그러면 새 탭에 앱스 스크립트 프로젝트가 만들어집니다.

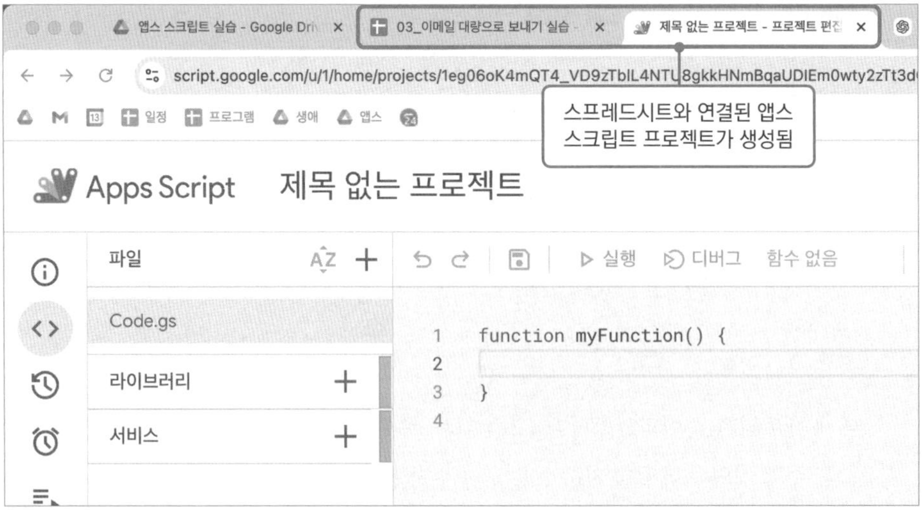

03 다음 코드를 작성해봅시다. 이렇게 코드를 작성하면 myFunction( ) 함수를 실행했을 때 '현재 실행 중인 스프레드시트 앱의 활성화된 시트'를 코드로 가져옵니다.

바로 자동화 코드 bit.ly/3Q431Pd — 이 Chapter의 최종 코드입니다! 실습을 진행하면서 헷갈릴 때 참고하세요!

```
function myFunction() {
  const spreadSheet = SpreadsheetApp.getActiveSpreadsheet();
}
```

이 코드의 뜻을 하나씩 뜯어보면 다음과 같습니다.

- **SpreadsheetApp.getActiveSpreadsheet( );**

  → 현재 만든 앱스 스크립트와 연결된 스프레드시트를 코드로 가져와라!

- **const spreadSheet =**

  → 가져온 무언가를 spreadSheet라는 변수에 저장하라!

이 상태를 그림으로 보면 다음과 같습니다.

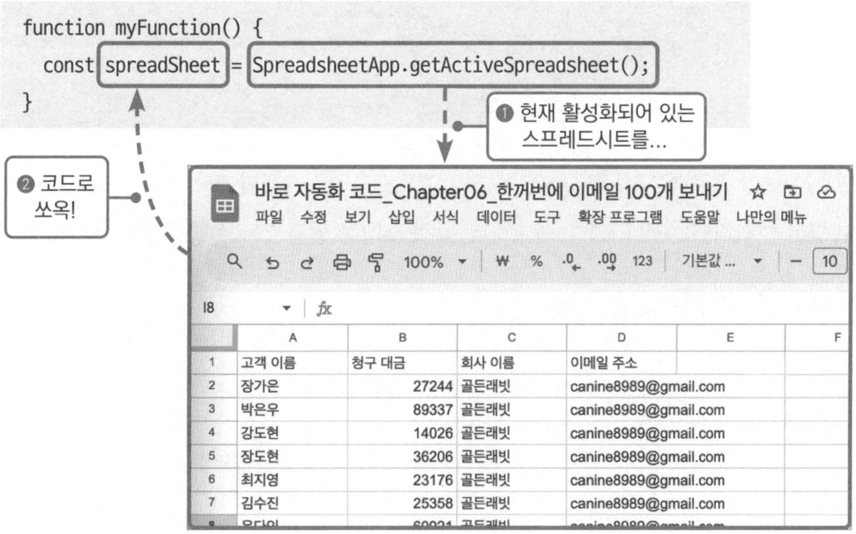

방금 여러분이 스프레드시트에서 생성한 앱스 스크립트를 spreadSheet라는 변수에 지정한 것입니다. **그러면 이때부터 spreadSheet라는 변수를 이용하여 스프레드시트를 이용한 작업들을 코드로 할 수 있게 됩니다.**

04 코드로 스프레드시트의 시트를 제대로 가져왔는지 확인해볼까요? 다음 코드를 실행하여 스프레드시트의 이름을 출력해보겠습니다.

바로 자동화 코드 bit.ly/3Q431Pd

```
function myFunction() {
  const spreadSheet = SpreadsheetApp.getActiveSpreadsheet();
  Logger.log(spreadSheet.getName());
}
```

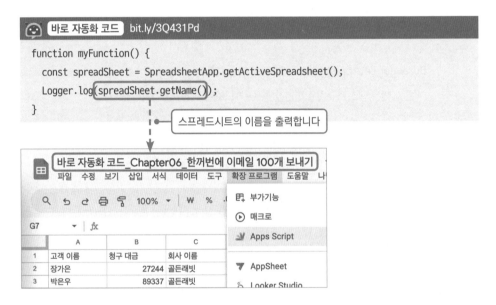

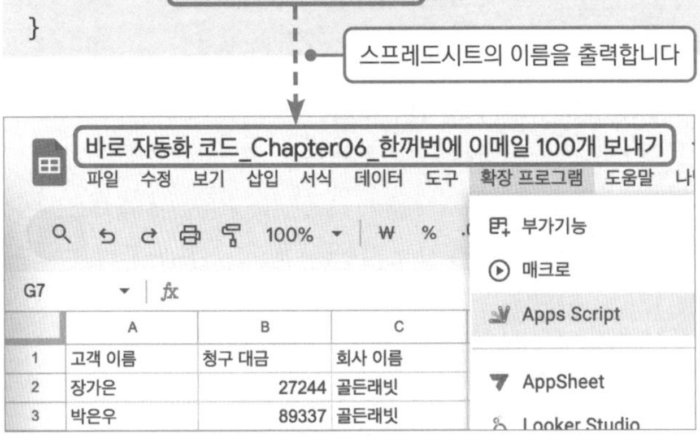

결과를 보면 스프레드시트의 파일 이름을 그대로 출력했습니다. 코드에서 스프레드시트를 알고 있는 것입니다! 코드와 스프레드시트, 출력 로그를 연관지어 설명하면 다음과 같습니다.

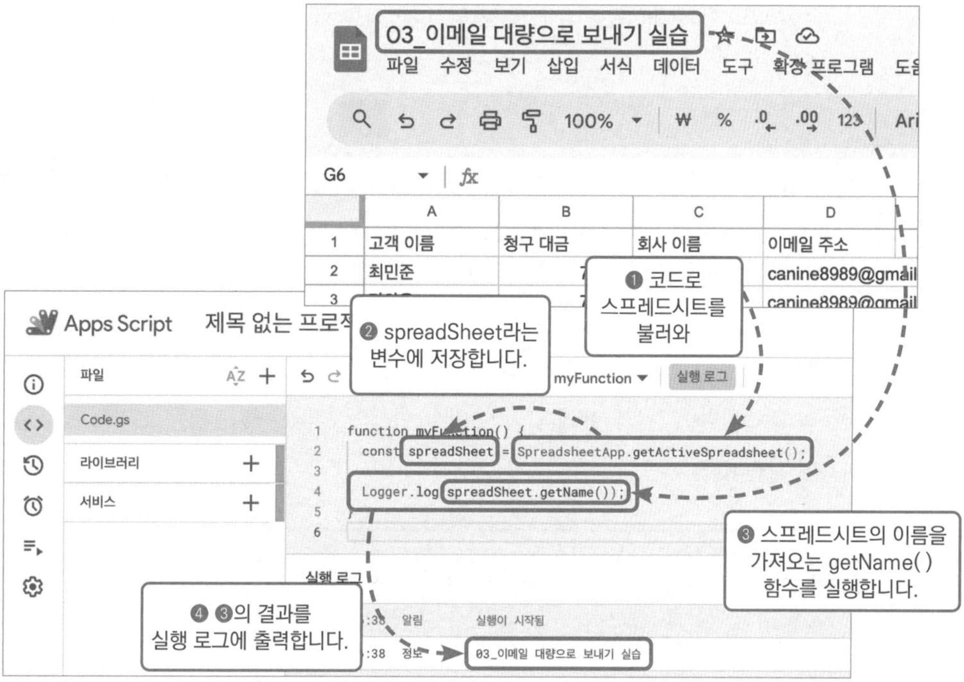
03_이메일 대량으로 보내기 실습
❶ 코드로 스프레드시트를 불러와
❷ spreadSheet라는 변수에 저장합니다.
❸ 스프레드시트의 이름을 가져오는 getName( ) 함수를 실행합니다.
❹ ❸의 결과를 실행 로그에 출력합니다.

이렇게 코드로 작업을 지시하려면 아주 잘게 쪼갠 단위로 생각해야 합니다. 이 과정에 익숙해지려면 시간이 좀 걸릴 겁니다.

바로 실습 11 스프레드시트에 있는 값 읽어오기

이번엔 다른 작업을 해봅시다. **이번에 할 작업은 스프레드시트의 제목만 가져오는 것이 아니라 시트의 셀 값을 가져오는 것입니다.**

01 다음 코드를 입력하면 list 시트의 특정 범위의 셀 값을 읽어 가져올 수 있습니다.

바로 자동화 코드 bit.ly/3Q431Pd

```
function myFunction() {
  const spreadSheet = SpreadsheetApp.getActiveSpreadsheet();
  const listSheet = spreadSheet.getSheetByName("list"); // ❶ list 시트를 가져옴
```

```
  Logger.log(listSheet.getRange("A2:D5").getValues()); // ❷ 가져온 시트에서 A2:D5의
  값을 읽어옴
}
```

실행 결과

```
[[최민준, 70184.0, 골든래빗, canine8989@gmail.com],
[강하윤, 72755.0, 골든래빗, canine8989@gmail.com], [최서연, 43439.0, 골든래빗,
canine8989@gmail.com], [강민준, 49791.0, 골든래빗, canine8989@gmail.com]]
```

결과를 보면 해당 범위의 값을 가져와 출력한 것을 알 수 있습니다. 코드의 구체적인 설명은 다음과 같습니다. 그림과 함께 맞춰 보면서 이해해보세요. ❶과 ❷를 그림으로 표현하자면 다음과 같습니다.

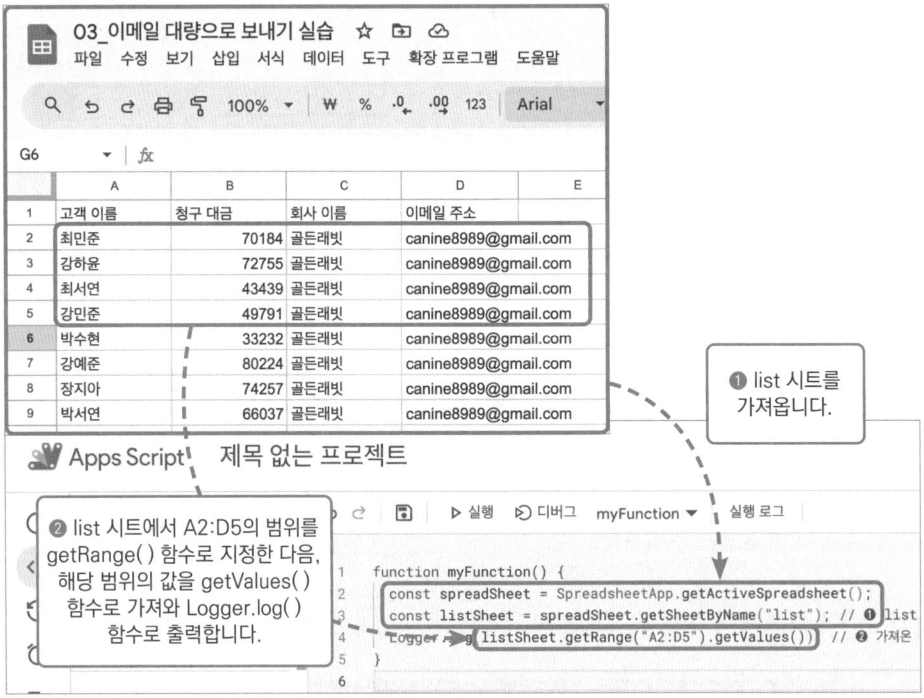

출력 결과의 형태에서 대괄호가 눈에 띕니다. 출력 결과를 보기 좋게 나열하면 다음과 같습니다.

```
[
[최민준, 70184.0, 골든래빗, canine8989@gmail.com],
[강하윤, 72755.0, 골든래빗, canine8989@gmail.com],
[최서연, 43439.0, 골든래빗, canine8989@gmail.com],
[강민준, 49791.0, 골든래빗, canine8989@gmail.com]
]
```

대괄호 1겹으로 감싼 것은 스프레드 시트의 행에 해당합니다.

이 대괄호로 출력되는 결과값의 형태는 프로그래밍 개념 중 배열이라는 것을 표현하기 위한 것입니다. 대괄호가 1겹이면 1차원 배열, 2겹이면 2차원 배열이라고 부릅니다. 지금은 대괄호가 2겹이므로 2차원 배열입니다. 보기 좋게 나열한 배열의 형태를 보면 스프레드시트와 크게 다르지 않습니다. 앞으로 여러분이 스프레드시트에서 데이터를 가져오면 앱스 스크립트는 그 결과를 2차원 배열로 보여줄 것입니다. 앞으로 스프레드시트 데이터를 자주 다루게 될 것이므로 2차원 배열에 대해서 간단히 설명하고 넘어가겠습니다. 1겹의 대괄호는 스프레드시트의 '행'과 비슷한 개념입니다.

- [최민준, 70184.0, 골든래빗, canine8989@gmail.com]이 스프레드시트의 행입니다.
- 이 행들을 묶어 다시 대괄호로 감싸면 2차원 배열이 됩니다.

02 이제 template 시트에 있는 값도 출력해봅시다. 다음 코드를 입력하고 저장한 다음 실행하세요. 코드를 저장하지 않으면 작성한 코드로 실행되지 않으니 반드시 저장하고 실행하세요.

바로 자동화 코드 bit.ly/3Q431Pd

```
function myFunction() {
  const spreadSheet = SpreadsheetApp.getActiveSpreadsheet();

  // ❶ list 시트와 template 시트를 가져옴
  const list = spreadSheet.getSheetByName("list");
  const template = spreadSheet.getSheetByName("template");

  // ❷ 각 시트의 필요한 데이터를 가져옴
  const data = list.getRange('A2:D5').getValues();
```

```
  const templateData = template.getRange('A2:B2').getValues();

  // ❸ 가져온 데이터 출력
  Logger.log(data);
  Logger.log(templateData);
}
```

실행 결과

```
[[최민준, 70184.0, 골든래빗, canine8989@gmail.com],
[강하윤, 72755.0, 골든래빗, canine8989@gmail.com],
[최서연, 43439.0, 골든래빗, canine8989@gmail.com],
[강민준, 49791.0, 골든래빗, canine8989@gmail.com]]
[[여기에 제목이 들어갑니다., 안녕하세요 <name>님.
이번 달 청구 금액 안내드립니다.
청구 금액 : <billing>
감사합니다.]]
```

바로 실습 12 스프레드시트에서 대량으로 이메일 데이터 읽어오기

이제 마지막 단계입니다! 데이터를 가져왔으니 이제 이 데이터를 이용해서 메일을 보내봅시다. 그 전에 아직 2차원 배열에서 풀어야 할 숙제가 남아 있습니다. 바로 대괄호에서 어떻게 값을 빼낼 것이냐에 대한 숙제죠. 실습을 통해 2차원 배열에서 값을 꺼내는 방법을 알아보고 메일을 보내보겠습니다.

2차원 배열에서 값을 꺼내기

배열에서 값을 꺼내려면 **배열명[숫자][숫자]**와 같이 배열명과 대괄호, 숫자를 사용해야 합니다. **프로그래밍 세계에서는 순서를 0부터 부여하므로 이 점에 유의합시다.** 앞에서 출력한 A2:D5의 데이터를 다시 보면서 코드를 작성해봅시다.

```
[
[최민준, 70184.0, 골든래빗, canine8989@gmail.com],
[강하윤, 72755.0, 골든래빗, canine8989@gmail.com],
[최서연, 43439.0, 골든래빗, canine8989@gmail.com],
[강민준, 49791.0, 골든래빗, canine8989@gmail.com]
]
```

01 만약 **최서연**을 꺼내고 싶다면 **배열명[2][0]**이라고 입력해야 합니다. 정말로 그런지 코드를 통해 확인해보겠습니다.

바로 자동화 코드 bit.ly/3Q431Pd

```
function myFunction() {
  const spreadSheet = SpreadsheetApp.getActiveSpreadsheet();
  const list = spreadSheet.getSheetByName("list");
  const data = list.getRange('A2:D5').getValues();
  Logger.log(data[2][0]);
}
```

실행 결과

```
최서연
```

결과를 보면 최서연을 잘 꺼내왔습니다. 2번째 긴 배열에서 0번째 값을 꺼내온 것입니다. 별로 어렵지 않죠?

02 이 원리를 이용해서 template 시트에 있는 메일 내용도 꺼내오겠습니다.

바로 자동화 코드 bit.ly/3Q431Pd

```
function myFunction() {
  const spreadSheet = SpreadsheetApp.getActiveSpreadsheet();
  const template = spreadSheet.getSheetByName("template");
  const templateData = template.getRange('A2:B2').getValues();
```

```
  // ❶ templateData가 가진 0번째 행 데이터 줄을 templateRow에 저장
  const templateRow = templateData[0];
  Logger.log(templateRow);

  // ❷ templateRow에 있는 0번째 데이터를 subject에 저장
  const subject = templateRow[0];

  // ❸ templateRow에 있는 1번째 데이터를 body에 저장
  const body = templateRow[1];
  Logger.log("제목 : " + subject);
  Logger.log("내용 : " + body);
}
```

실행 결과

```
[여기에 제목이 들어갑니다., 안녕하세요 <name>님.
이번 달 청구 금액 안내드립니다.
청구 금액 : <billing>
감사합니다.]
제목 : 여기에 제목이 들어갑니다.
내용 : 안녕하세요 <name>님.
이번 달 청구 금액 안내드립니다.
Chapter 06 한꺼번에 이메일 100개 보내기 49
청구 금액 : <billing>
감사합니다.
```

❶ templateRow에 templateData[0]로 2차원 배열에서 첫 번째 배열 요소를 가져와 저장합니다.

❷ templateRow에서 첫 번째 배열 요소를 가져와 저장합니다.

❸ templateRow에서 두 번째 배열 요소를 가져와 저장합니다.

이제 list, template 시트에서 원하는 데이터를 가져와 변수에 담을 수 있는 방법을 알았습니다. 이 변수를 이용해서 메일을 보내면 될 것 같습니다.

바로 실습 13 대량으로 이메일 보내기

메일을 보내기 전에 한 번 생각해봅시다. 우리에게는 100명의 고객 정보가 있으므로 '반복해서 메일을 보낸다'라는 작업을 수행할 수 있어야 합니다. 우리가 100번의 복사, 붙여넣기, 메일 보내기를 하는 행위를 대신할 코드가 필요한 것이죠. 바로 그것이 반복문 문법입니다. 앱스 스크립트에 반복문 문법은 여러 가지가 있습니다만 지금은 for문만 공부하겠습니다. for문의 기본 형태는 다음과 같습니다.

```
for ([초기값]; [반복문을 지속할 조건]; [반복 작업 코드를 실행하고 나서 초기값 변화]) {
  // 반복 작업 코드를 나열
  // 반복 작업 코드를 나열
  // 반복 작업 코드를 나열
}
```

기본 형태만 보고서 '아, 반복문은 이런 것이구나!'라는 감이 잘 오지 않을 것입니다. 실제 코드를 실행하며 반복문이 무엇인지 알아봅시다.

01 다음 코드는 list 시트에서 고객의 이름과 청구 대금을 하나씩 반복하여 출력하는 코드입니다.

바로 자동화 코드 bit.ly/3Q431Pd

```
function myFunction() {
  const spreadSheet = SpreadsheetApp.getActiveSpreadsheet();

  // ❶ list 시트의 모든 데이터(A2:B101) 가져오기
  const customerListSheet = spreadSheet.getSheetByName("list");
  const customerDatas = customerListSheet.getRange('A2:B101').getValues();

  // ❷ i를 0부터 시작하여 1씩 늘리면서 customerDatas의 길이(100)만큼 반복하기
  for (let i = 0; i < customerDatas.length; i++) {
    console.log(customerDatas[i]); // ❸ i는 0부터 순서대로 0, 1, 2, ... 99
  }
}
```

실행 결과

```
[ '최민준', 70184 ]
...생략...
[ '조하윤', 49982 ]
[ '윤민준', 84960 ]
```

❶ list 시트에서 A2:B101 범위의 데이터를 모두 가져와 2차원 배열을 customerDatas에 담습니다.

❷ 반복문입니다. i를 0부터 시작하여 customerDatas.length가 되기 전까지(미만) i를 1씩 늘려가며 중괄호 내용을 반복합니다. 이때 customerDatas의 길이는 2행부터 101행까지이므로 길이는 100입니다. ❸ 그러면 i는 0, 1, 2, 3, ..., 99까지 순서대로 늘어나고 이때마다 1번씩 중괄호의 내용을 반복할 것입니다. 그림으로 설명하면 다음과 같습니다.

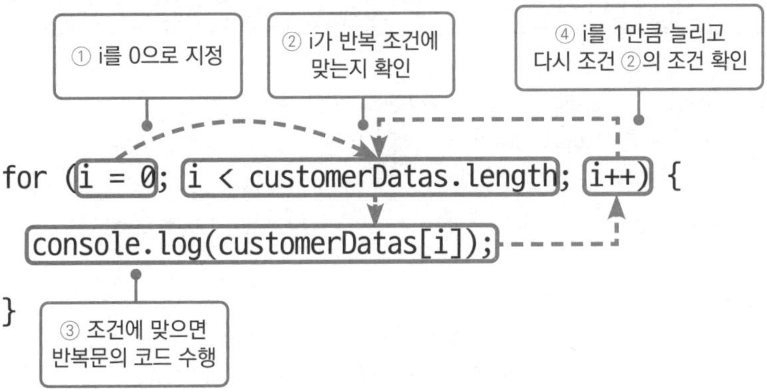
① i를 0으로 지정
② i가 반복 조건에 맞는지 확인
④ i를 1만큼 늘리고 다시 조건 ②의 조건 확인
for (i = 0; i < customerDatas.length; i++) {
console.log(customerDatas[i]);
}
③ 조건에 맞으면 반복문의 코드 수행

① 우선 반복문을 수행하기 전에 i의 초기값을 0으로 지정합니다.

② 그런 다음 반복문의 조건에 맞는지 확인합니다. 초기값은 0이고 customersDatas.length는 100이므로 조건에 맞습니다.

③ 반복문을 수행합니다. customerDatas[0]에 해당하는 ['최민준', 70184]을 출력합니다.

④ 반복문 ③의 수행이 끝났고, i를 1만큼 늘립니다. i는 1이 되었습니다. 다시 조건을 확인하는 ②단계로 돌아갑니다.

이 과정을 반복하여 ②의 조건이 어긋나면 반복문이 끝나는 것입니다. i가 100이 되면 ③을 수행하지 못하고 반복문은 종료되겠네요. 그러니 i는 0부터 99까지 증가하고 customerDatas[0]부터 customerDatas[99]까지 출력되어 모든 행의 데이터를 출력할 수 있는 것입니다.

02 이제 100회의 반복을 할 수 있게 되었습니다. 그러면 template 시트에 있는 메일 내용을 조합하여 메일 문구도 만들어볼 수 있겠네요. 다음 코드를 이용하여 로그에 100번의 메일 제목, 메일 내용을 출력해봅시다.

바로 자동화 코드 bit.ly/3Q431Pd

```
function myFunction() {
  const spreadSheet = SpreadsheetApp.getActiveSpreadsheet();
  // ❶ list 시트의 모든 데이터(A2:B101) 가져오기
  const customerListSheet = spreadSheet.getSheetByName("list");
  const customerDatas = customerListSheet.getRange("A2:B101").getValues();

  // ❷ template 시트의 메일 내용 가져오기
  const mailTemplateSheet = spreadSheet.getSheetByName("template");
  const templateDatas = mailTemplateSheet.getRange("A2:B2").getValues();
  const mailTitle = templateDatas[0][0]; // 메일 제목
  const mailContent = templateDatas[0][1]; // 메일 내용

  // ❸ customerDatas의 길이(100)만큼 반복하기
  for (let i = 0; i < customerDatas.length; i++) {
    const customerName = customerDatas[i][0];
    const customerBilling = customerDatas[i][1];
    const modifiedContent = mailContent.replace("<name>", customerName).
replace("<billing>", customerBilling);
    Logger.log(mailTitle);
    Logger.log(modifiedContent);
  }
}
```

실행 결과

```
여기에 제목이 들어갑니다.
안녕하세요 최민준님.
이번 달 청구 금액 안내드립니다.
청구 금액 : 70184
감사합니다.
...생략...
```

❶ list 시트의 모든 데이터를 가져와 customerDatas에 저장합니다.

❷ templates 시트의 메일 제목과 메일 내용을 가져와 mailTitle, mailContent에 저장합니다.

❸ 100회 반복하면서 ❶~❷에 담은 값을 적절히 사용하여 replace( ) 함수를 이용해 template의 B2에 있던 값에서 〈name〉과 〈billing〉의 값을 list 시트의 고객 이름 customerName과 청구 대금 customerBilling으로 교체합니다. 그림으로 보면 다음과 같습니다.

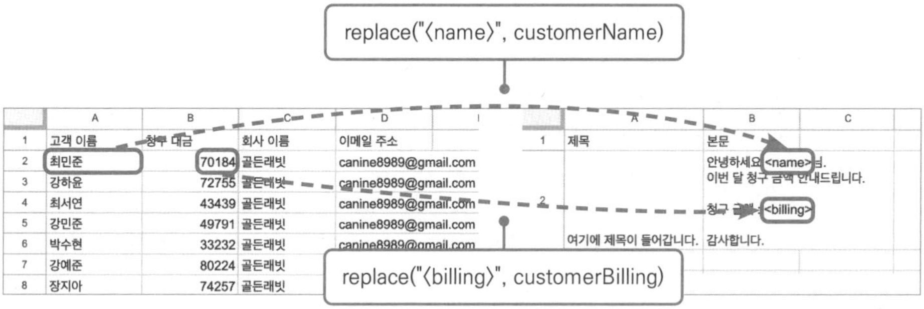

replace( ) 함수는 2개의 인수를 받아 왼쪽 인수의 값을 오른쪽 인수의 값으로 바꾸는 역할을 합니다. replace("〈name〉", customerName)은 메일 템플릿에서 〈name〉을 찾아 customerName으로 바꾸는 것이지요. 이렇게 100개의 메일 제목과 메일 내용을 준비하여 출력해보았습니다. 이제 이 출력 부분을 메일 보내기로 바꾸기만 하면 끝입니다.

03

앱스 스크립트에서 이메일을 보낼 때는 MailApp 클래스의 sendEmail( ) 메서드를 활용하면 됩니다.

바로 자동화 코드 bit.ly/3Q431Pd

```
function myFunction() {
  const spreadSheet = SpreadsheetApp.getActiveSpreadsheet();
  // list 시트의 모든 데이터(A2:D101) 가져오기
  const customerListSheet = spreadSheet.getSheetByName("list");
  const customerDatas = customerListSheet.getRange("A2:D101").getValues();

  // template 시트의 메일 내용 가져오기
  const mailTemplateSheet = spreadSheet.getSheetByName("template");
  const templateDatas = mailTemplateSheet.getRange("A2:B2").getValues();
```

```
  const mailTitle = templateDatas[0][0]; // 메일 제목
  const mailContent = templateDatas[0][1]; // 메일 내용

  // customerDatas의 길이(100)만큼 반복하기
  for (let i = 0; i < customerDatas.length; i++) {
    const customerName = customerDatas[i][0]; // list 시트의 고객 이름
    const customerBilling = customerDatas[i][1]; // list 시트의 청구 대금
    const customerEmail = customerDatas[i][3]; // list 시트의 메일 주소
    const modifiedContent = mailContent.replace("<name>", customerName).
replace("<billing>", customerBilling);

    // ❶ to는 받을 메일 주소, subject는 메일 제목, htmlBody는 메일 내용
    MailApp.sendEmail({to : customerEmail, subject : mailTitle, htmlBody:
modifiedContent});
  }
}
```

❶ 다음과 같은 구조로 메일 쓰기에 필요한 정보를 담아 sendEmail( ) 함수에 전달하면 메일을 보냅니다.

```
{
to : 받을 메일 주소,
subject : 메일 제목,
htmlBody : 메일 내용,
}
```

이 코드를 실행하면 총 100개의 메일을 D열의 메일 주소로 보냅니다. 지금 D열의 메일 주소가 자기 자신의 메일 주소로 지정했는지 확인한 후 메일을 보내보세요.

TIP 구글에서는 너무 빈번하게 메일을 보내면 코드 실행을 중간에 중단합니다. 하지만 일단은 실행해보기 바랍니다.

TIP 권한 검토 작업을 마치고 다시 실행해야 할 수도 있습니다.

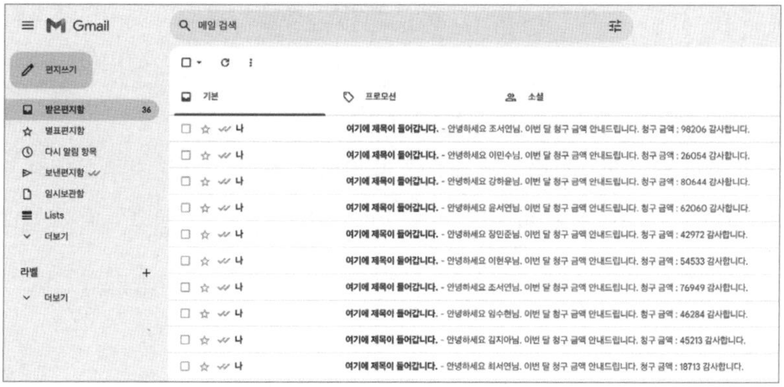
Gmail
메일 검색
편지쓰기
받은편지함 36
별표편지함
다시 알림 항목
보낸편지함
임시보관함
Lists
더보기
라벨
더보기
기본
프로모션
소셜
나 여기에 제목이 들어갑니다. - 안녕하세요 조서연님. 이번 달 청구 금액 안내드립니다. 청구 금액 : 98206 감사합니다.
나 여기에 제목이 들어갑니다. - 안녕하세요 이민수님. 이번 달 청구 금액 안내드립니다. 청구 금액 : 26054 감사합니다.
나 여기에 제목이 들어갑니다. - 안녕하세요 강하윤님. 이번 달 청구 금액 안내드립니다. 청구 금액 : 80644 감사합니다.
나 여기에 제목이 들어갑니다. - 안녕하세요 윤서연님. 이번 달 청구 금액 안내드립니다. 청구 금액 : 62060 감사합니다.
나 여기에 제목이 들어갑니다. - 안녕하세요 장민준님. 이번 달 청구 금액 안내드립니다. 청구 금액 : 42972 감사합니다.
나 여기에 제목이 들어갑니다. - 안녕하세요 이현우님. 이번 달 청구 금액 안내드립니다. 청구 금액 : 54533 감사합니다.
나 여기에 제목이 들어갑니다. - 안녕하세요 조서연님. 이번 달 청구 금액 안내드립니다. 청구 금액 : 76949 감사합니다.
나 여기에 제목이 들어갑니다. - 안녕하세요 임수현님. 이번 달 청구 금액 안내드립니다. 청구 금액 : 46284 감사합니다.
나 여기에 제목이 들어갑니다. - 안녕하세요 김지아님. 이번 달 청구 금액 안내드립니다. 청구 금액 : 45213 감사합니다.
나 여기에 제목이 들어갑니다. - 안녕하세요 최서연님. 이번 달 청구 금액 안내드립니다. 청구 금액 : 18713 감사합니다.

대량으로 이메일 보내기에 성공했습니다!

04 하지만 아마도 오류 메시지가 뜨면서 프로그램이 종료되고, 결과도 100건의 메일을 보내진 못했을 겁니다. 이런 오류가 발생한 이유는 무엇일까요? 이럴 때 챗GPT를 사용해보면 좋습니다. 오류 메시지를 그대로 복사하여 챗GPT에게 물어봅시다.

Exception: Service invoked too many times for one day: email.

위와 같은 오류가 발생한 이유가 뭐야?

오류 메시지 Exception: Service invoked too many times for one day: email는 Google Apps Script나 Google Workspace API를 사용할 때 특정 서비스(이 경우 이메일 서비스)가 하루 사용 한도를 초과했음을 의미합니다. Google에서는 각 API나 서비스에 대해 일일 할당량을 설정하여 과도한 사용을 방지하는데, 이 오류는 해당 한도를 초과했을 때 발생합니다.

이 오류가 발생하는 일반적인 원인은 다음과 같습니다:

- 이메일 발송 한도 초과: Google은 계정당 하루에 보낼 수 있는 이메일의 수에 제한을 두고 있습니다. 일반 계정은 대략 하루 100개, Google Workspace 계정(기업용)은 약 1,500개 정도로 제한될 수 있습니다.
- 자동화된 스크립트 반복 실행: 스크립트가 주기적으로 실행되어 이메일을 반복적으로 보내는 경우, 하루 할당량을 빠르게 소진할 수 있습니다.

- 테스트 중 과도한 호출: 테스트 중에 이메일 서비스를 반복 호출하는 경우에도 한당량이 초과될 수 있습니다.

이유를 자세히 보니 하이라이트 내용이 핵심인 것 같네요. 메일을 너무 자주 보내니 오류 메시지가 나온 것입니다. 여러분의 계정은 구글 일반 계정일 것이므로 하루 100개 보내는 것도 조절해야 하겠네요.

05 이것을 해결할 방법도 챗GPT에게 물어봅시다.

내 코드는 이렇게 생겼는데, 이 오류 메시지를 없애려면 코드를 어떻게 개선해야 해?

```
function myFunction() {
  const spreadSheet = SpreadsheetApp.getActiveSpreadsheet();
  // list 시트의 모든 데이터(A2:B101) 가져오기
  const customerListSheet = spreadSheet.getSheetByName("list");
  const customerDatas = customerListSheet.getRange("A2:D101").getValues();
...생략...
```

여기에 여러분의 코드를 복사하여 붙여넣으세요

이 코드는 MailApp.sendEmail을 100번 호출하고 있어, 일일 할당량을 초과할 가능성이 큽니다. 개선을 위해서는 이메일 전송을 효율적으로 제한하거나, 시간을 두고 전송하는 방법을 고려해야 합니다. 다음은 이 문제를 해결할 수 있는 몇 가지 코드 수정 방안입니다.

코드 수정 방안은 생략했습니다

챗GPT에게 물어보니 코드 대안을 주었습니다. 저는 이렇게 코드를 고치라고 하네요.

```
function myFunction() {
  const spreadSheet = SpreadsheetApp.getActiveSpreadsheet();
```

```
  // list 시트의 모든 데이터(A2:B101) 가져오기
  const customerListSheet = spreadSheet.getSheetByName("list");
  const customerDatas = customerListSheet.getRange("A2:D101").getValues();

  // template 시트의 메일 내용 가져오기
  const mailTemplateSheet = spreadSheet.getSheetByName("template");
  const templateDatas = mailTemplateSheet.getRange("A2:B2").getValues();
  const mailTitle = templateDatas[0][0]; // 메일 제목
  const mailContent = templateDatas[0][1]; // 메일 내용

  // customerDatas의 길이(100)에서 50을 빼고 적게 메일 발송
  for (let i = 0; i < customerDatas.length - 50; i++) {
    const customerName = customerDatas[i][0];
    const customerBilling = customerDatas[i][1];
    const customerEmail = customerDatas[i][3];
    const modifiedContent = mailContent.replace("<name>", customerName).
replace("<billing>", customerBilling);
    MailApp.sendEmail({to: customerEmail, subject: mailTitle, htmlBody:
modifiedContent});
    Utilities.sleep(1000); // 1초 대기
  }
}
```

하이라이트한 부분만 코드를 추가하여 100개의 메일을 보내는 것에서 50개를 뺐고, 1초 정도 대기하고 다시 메일을 보내도록 코드를 수정해주었습니다. 아마 코드를 실행하면 오류 없이 메일이 잘 발송될 것입니다.

Chapter 07

챗GPT로 대량 이메일 발송 코드 만들고 이메일 발송 버튼 추가하기

선생님, 지금까지 배운 내용이 조금 버겁게 느껴져요. 코드를 작성하는 게 생각보다 어렵네요.

학생

선생님

그럴 수 있어요. 처음 코드를 작성할 때는 누구나 어려움을 겪습니다. 하지만 요즘은 챗GPT 같은 도구를 활용하면 코드를 쉽게 만들 수 있답니다. 예를 들어, 여러분이 Chapter 06 **한꺼번에 100개 이메일 보내기**에서 만든 코드도 중요한 키워드를 챗GPT에게 요구하면 쉽게 다시 만들 수 있어요. 한번 저와 함께 따라 하며 코드를 만들어볼까요?

TIP 메일 보내기용 스프레드시트와 데이터는 그대로 활용합니다.

바로 실습 14 챗GPT로 대량 이메일 보내기

01 챗GPT에게 이렇게 질문해봅니다.

스프레드시트에 list 시트와 template 시트가 있는데 이 두 시트를 이용하여 list 시트에 있는 고객에게 template 시트에 있는 이메일 내용을 적어 보낼 거야. 각 시트의 내용은 다음과 같아.

- list 시트 : 고객 이름, 청구 대금, 회사 이름, 이메일 주소가 적혀 있고 총 100개의 행으로 구성되어 있음
- template 시트 : A2는 메일 제목, B2는 메일 내용으로 구성되어 있음, 이때 B2의 <name>을 list 시트의 고객 이름으로 바꾸고, <billing>을 list 시트의 청구 대금으로 바꿔야 해.

이 작업은 각 고객에게 맞춤형 이메일을 만드는 자동화된 방식으로 수행할 수 있습니다. 아래에 설명된 단계에 따라 스프레드시트와 Google Apps Script를 사용하여 자동화된 메일 발송 스크립트를 작성할 수 있습니다.

1. Google Apps Script 열기

Google 스프레드시트의 상단 메뉴에서 [Extensions → Apps Script]를 클릭하여 스크립트 편집기를 엽니다.

2. Google Apps Script 코드 작성

아래 스크립트를 붙여넣으세요. 이 코드는 list 시트의 각 고객 정보를 가져와 template 시트의 템플릿에 맞춰 이메일을 보냅니다.

```
function sendEmails() {
  // 스프레드시트와 시트 참조
  const spreadsheet = SpreadsheetApp.getActiveSpreadsheet();
  const listSheet = spreadsheet.getSheetByName("list");
  const templateSheet = spreadsheet.getSheetByName("template");

  // 템플릿 데이터 가져오기
  const emailSubject = templateSheet.getRange("A2").getValue();
  const emailBodyTemplate = templateSheet.getRange("B2").getValue();

  // 고객 리스트 가져오기 (첫 행은 헤더)
  const customers = listSheet.getRange(2, 1, listSheet.getLastRow() - 1,
4).getValues();

  // 각 고객에게 이메일 보내기
  customers.forEach(row => {
    const [name, billing, company, email] = row;

    // 템플릿 내용을 고객 정보로 대체
    const emailBody = emailBodyTemplate
      .replace("<name>", name)
```

```
      .replace("<billing>", billing);

    // 이메일 보내기
    MailApp.sendEmail({
      to: email,
      subject: emailSubject,
      htmlBody: emailBody
    });
  });
}
```

3. 코드 설명

- list 시트에서 고객 데이터를 가져옵니다. 이 데이터는 각 고객의 이름, 청구 대금, 회사 이름, 이메일 주소로 이루어져 있습니다.
- template 시트에서 이메일 제목과 내용을 가져옵니다.
- <name>과 <billing>을 각 고객의 이름과 청구 대금으로 바꾸어 맞춤형 이메일 본문을 만듭니다.
- MailApp.sendEmail 함수를 사용하여 각 고객에게 이메일을 발송합니다.

4. 스크립트 권한 설정 및 실행

첫 실행 시 권한을 요청할 수 있으므로, Google에서 요청하는 권한을 허용하세요. 스크립트 편집기에서 sendEmails 함수를 선택하고 실행하여 이메일을 발송하세요. 이 스크립트를 사용하면 list 시트에 있는 고객 정보에 맞춰 각 고객에게 맞춤형 이메일을 보낼 수 있습니다.

구체적으로 질문하니 코드부터 코드 설명까지 모두 해주었습니다. 이 코드를 그대로 복사하여 실행하면 list 시트에 있는 고객 100명에게 메일을 발송합니다.

02 다만 앞에서 이야기했던 것처럼 너무 많이 이메일을 발송하면 오류가 발생하므로 list 시트에서 고객 정보를 10개만 남기고 삭제하여 코드를 실행하겠습니다.

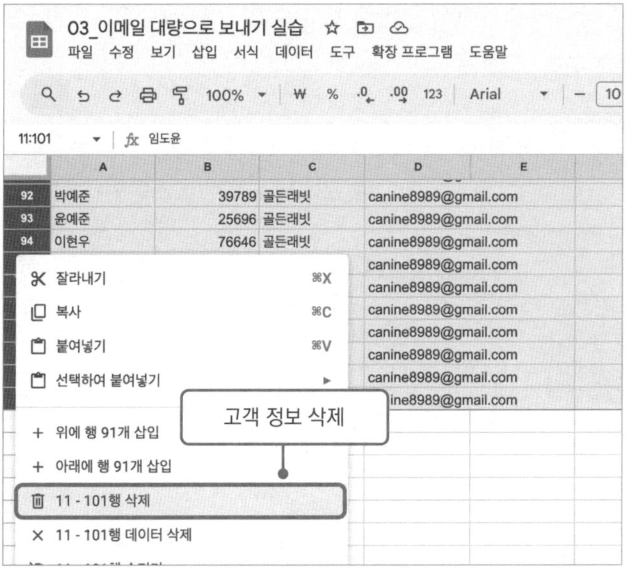

03 이제 코드를 실행하여 메일을 보내봅니다. 시간을 확인해보면 코드가 제대로 동작한 것을 알 수 있습니다. 이렇게 챗GPT에게 배운 내용을 바탕으로 구체적으로 질문하면 원하는 코드를 빠르게 얻을 수 있습니다.

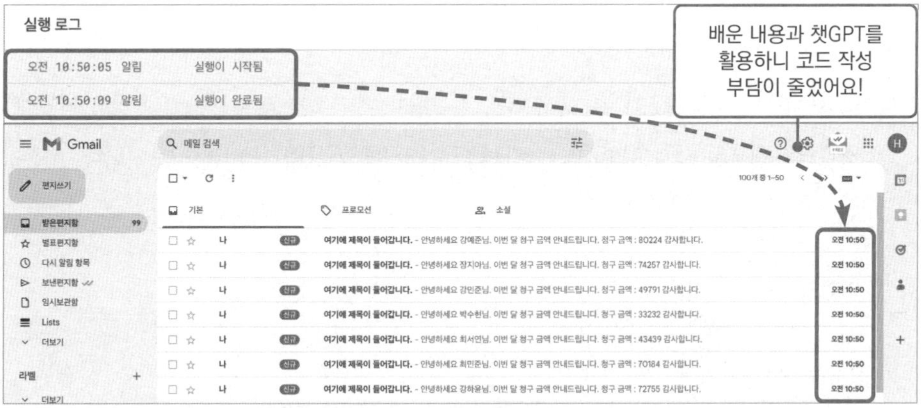

04 이제 스프레드시트에 버튼을 추가해서 메일을 바로 보낼 수 있도록 챗GPT에게 커스텀 메뉴 버튼 추가 주문을 해보겠습니다.

> 이런 앱스 스크립트 코드가 있는데, 이 코드를 개선해서 스프레드시트에 [나만의 메뉴]를 만들고 메뉴 안에 [메일 보내기]라는 버튼을 추가해서 연결해줘.
>
> 
>

> 아래는 Google Apps Script에서 "나만의 메뉴"를 추가하고, "메일 보내기" 버튼을 눌렀을 때 메일을 보내는 스크립트로 개선된 코드입니다. 이 코드를 사용하면 메뉴에서 직접 "메일 보내기" 기능을 실행할 수 있습니다.
>
> 
>

05 ❶ 챗GPT가 제공한 코드를 다시 앱스 스크립트 프로젝트에 복붙하고 파일을 저장한 뒤, ❷ 스프레드시트를 새로고침하면 [나만의 메뉴]와 [메일 보내기] 버튼이 보입니다. 버튼을 눌러서 동작을 확인해보세요.

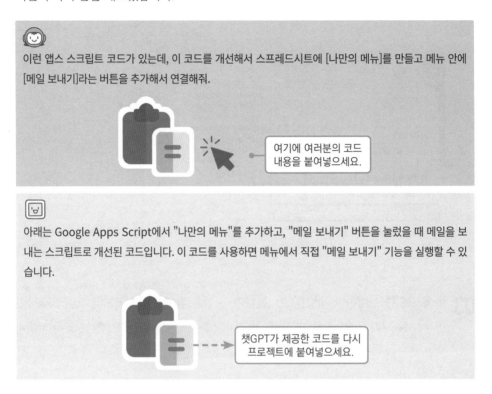

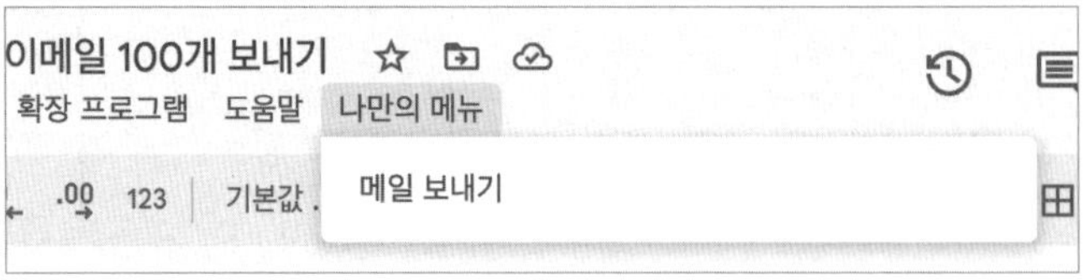

정말 쉽네?

Part 04

이미지가 있는 이메일 보내기

여기서 공부할 내용

Part 03 메일링 자동화하기 를 통해 이메일을 대량으로 전송하는 방법을 배웠습니다. 그런데 이메일에는 글만 들어 있는 것이 아니죠! 이미지를 넣어 보낼 때도 있습니다. 여기서는 구글 드라이브에 있는 이미지를 이메일 내용에 포함하여 보내는 내용을 공부해봅니다.

Chapter 08

가독성이 떨어지는 이메일!
이미지 추가해서 보내기

학생: 선생님, 구글 스프레드시트와 앱스 스크립트를 사용해서 대금 청구서를 보내는 일을 자동화했어요. 그런데 이메일에 중요한 정보가 담겨있다 보니, 글자만 가득해서 가독성이 떨어지진 않을까 걱정돼요.

선생님: 훌륭해요! 자동화에 성공하셨군요. 하지만 말씀하신 것처럼 글자만 가득한 이메일은 수신자가 내용을 한눈에 파악하기 어려울 수 있어요. 이럴 때 HTML 형식을 활용하면 가독성을 높일 수 있습니다. 예를 들어, 글씨 크기나 색상을 조정하거나 이미지를 추가해서 훨씬 보기 좋은 이메일을 만들 수 있어요.

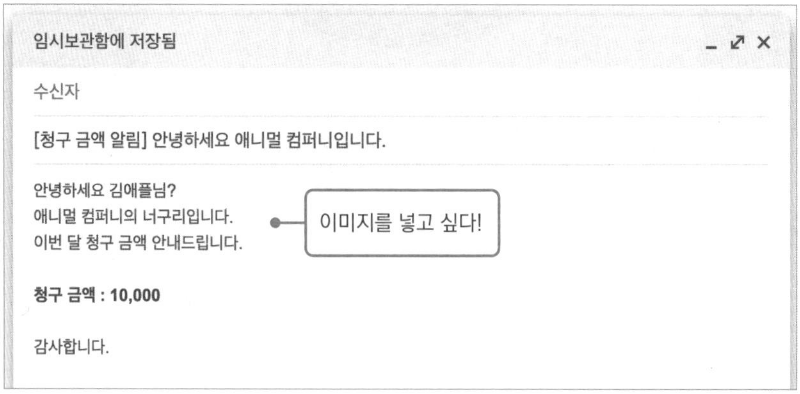

임시보관함에 저장됨
수신자
[청구 금액 알림] 안녕하세요 애니멀 컴퍼니입니다.
안녕하세요 김애플님?
애니멀 컴퍼니의 너구리입니다.
이번 달 청구 금액 안내드립니다.
이미지를 넣고 싶다!
청구 금액 : 10,000
감사합니다.

분석하기 정확히 무엇이 문제일까?

이메일을 보내는 과정은 자동화했으니 이미지를 포함하는 과정만 추가하면 될 것 같습니다. 이렇게 문제를 해결하면 되겠네요.

분석 01 이메일에 넣을 이미지를 업로드해야 한다

먼저 이메일에 넣을 이미지가 있어야겠죠? 그런데 구글 워크스페이스에는 이미지를 등록할 수 있는 구글 드라이브를 제공하고 있습니다. **우리는 사용할 이미지를 구글 드라이브에 업로드할 겁니다.**

분석 02 이메일에 이미지를 넣어야 한다

구글 드라이브에 업로드된 수많은 이미지 중 사용할 이미지를 찾아서 본문에 넣어야 합니다. 구글 드라이브는 파일에 고유한 아이디[ID]를 부여합니다. **구글 앱스 스크립트로 이 아이디를 활용해서 필요한 이미지를 찾아오면 됩니다.** 그리고 구글 앱스 스크립트로 이메일을 보낼 때 **본문에 찾은 이미지를 넣으면 됩니다.**

바로 실습 15 이메일에 쓸 데이터 준비하기

이메일 본문에 필요한 이미지를 구글 드라이브에 업로드하면 될 것 같습니다. 그러면 아무 이미지나 준비해서 구글 드라이브에 업로드하고 실습을 시작해보겠습니다. 앱스 스크립트를 통해 구글 드라이브에 있는 이미지를 이메일에 담아 전송하려면 이미지의 공유 권한을 **누구나 볼 수 있도록** 변경해야 합니다.

01 구글 드라이브에서 업로드한 이미지를 선택한 뒤 [마우스 오른쪽] 버튼을 눌러서 [공유 → 공유]를 차례로 선택합니다.

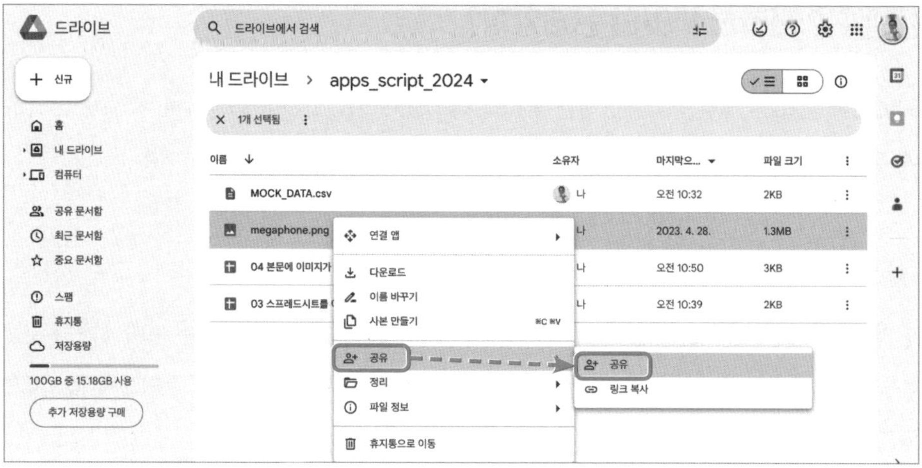

02 일반 액세스의 [제한됨]을 클릭한 뒤 [링크가 있는 모든 사용자]를 선택하고 [완료] 버튼을 클릭해서 공유 권한 설정을 완료합니다.

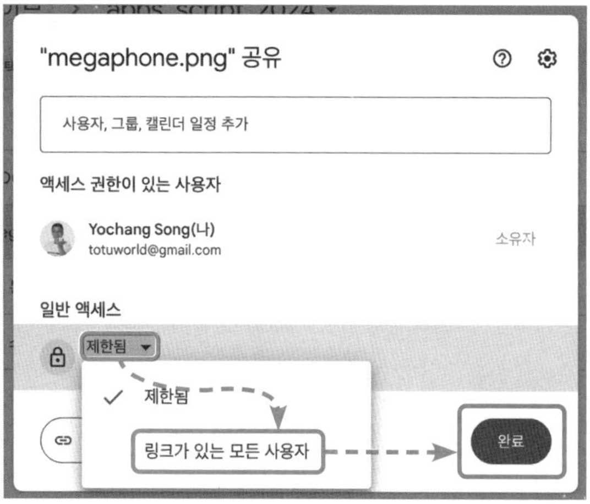

이렇게 하면 이미지 준비는 끝났습니다! 이제 이 이미지를 이메일에 담아 보내봅시다! 그런데 이메일에 이미지를 담으려면 HTML을 이해해야 합니다. 잠깐 다른 길로 빠져서 HTML을 공부합시다. HTML은 이후 업무 자동화 실습에 다양하게 활용할 웹 기술입니다. 난이도는 웹 기술을 이해하기 위한 첫걸음에 해당하므로 그렇게 어렵지 않을 겁니다.

이메일을 더 풍부하게, HTML

앱스 스크립트로 보낼 이메일에 이미지를 추가하는 등 더 풍부하게 만들기 위해서는 HTML이라는 코드를 사용해야 합니다. 지금까지는 이메일에 텍스트만 입력했지만 이번에는 이미지를 포함하기 위해 HTML로 메일을 작성하겠습니다. HTML은 웹 페이지를 구조화하는 데 사용하는 언어입니다. 문서에 제목, 본문, 표 등을 넣어서 가독성을 높이는 것처럼 웹 페이지를 잘 이해할 수 있도록 구조화하는 역할을 합니다. 다양한 규칙이 있지만 이메일 본문을 구조화할 때도 사용할 수 있다고만 이해해도 충분합니다. 예를 들어 다음 HTML 코드는 이런 웹 페이지를 표시합니다.

TIP 코드를 따라 입력하지 마세요. 지금은 예를 든 것입니다.

```
<!DOCTYPE html>
<html>
<head>
  <meta charset="utf-8">
</head>
<body>
  <h1>안녕하세요</h1>
  <img src="./스피커이미지.png" />
</body>
</html>
```

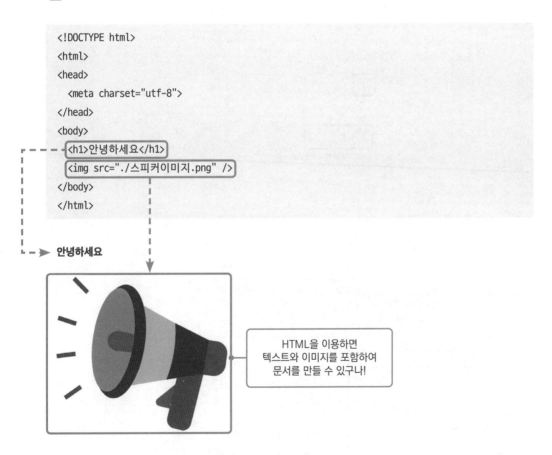

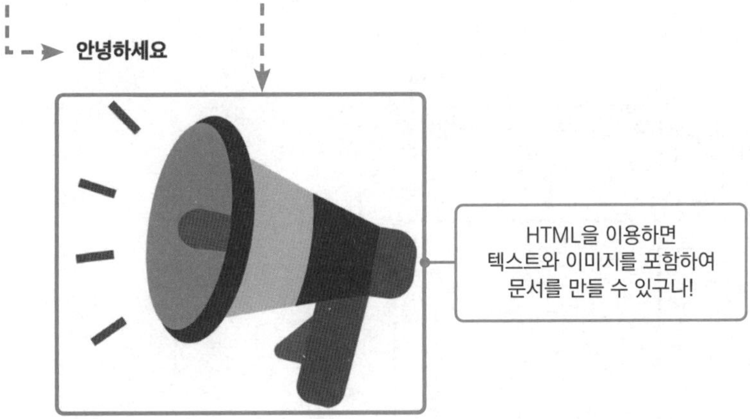
안녕하세요
HTML을 이용하면
텍스트와 이미지를 포함하여
문서를 만들 수 있구나!

이 책에서는 HTML 코드를 가르치거나 하진 않습니다. 여기서는 HTML를 활용하면 텍스트, 이미지, 동영상 등 아주 다양한 콘텐츠를 표현할 수 있다는 것만 알아두면 됩니다. 이메일에도 HTML을 적용할 수 있습니다.

바로 실습 16 앱스 스크립트 프로젝트에 HTML 파일 추가하기

이메일에 HTML을 추가하여 보내려면 앱스 스크립트 프로젝트에 HTML 파일을 추가해야 합니다. 스프레드시트 파일은 Part 03 메일링 자동화하기 에서 활용한 것을 그대로 사용하겠습니다.

01 앱스 스크립트 프로젝트 화면에서 [+] 버튼을 클릭한 뒤 [HTML]을 선택합니다.

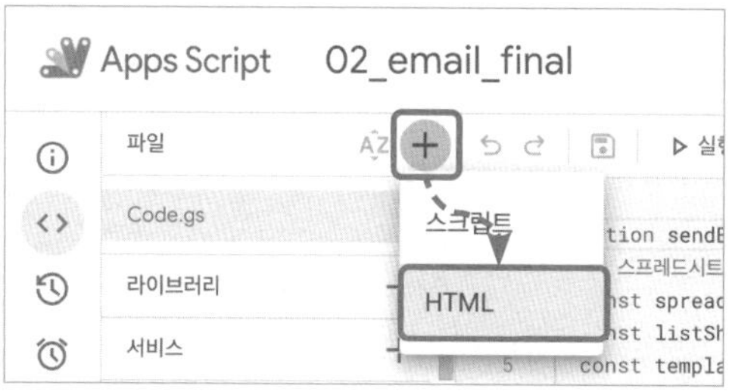

02 HTML 파일의 이름을 template로 입력하여 저장합니다. 그러면 ❶ template.html이라는 파일이 추가되며 ❷ 기본 코드가 입력된 것을 알 수 있습니다.

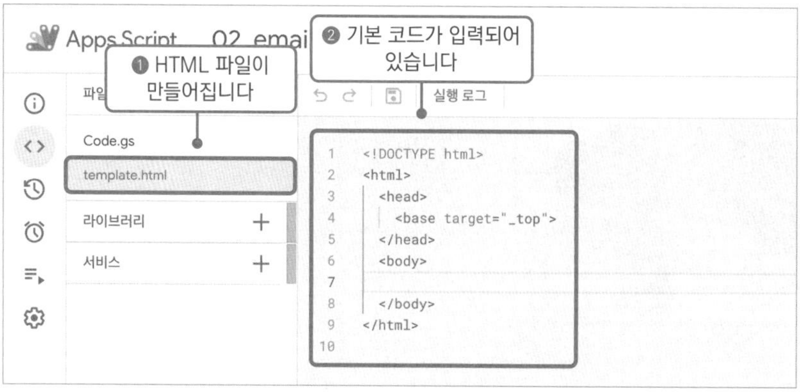

03 표시한 부분을 잘 보면서 다음 HTML 코드를 입력합니다.

바로 자동화 코드 bit.ly/4jGQwXr

```
<!DOCTYPE html>
<html>
  <head>
    <base target="_top">
  </head>
  <body>
    <img src='cid:megaphone' style='width: 30%' />
    <h1>안녕하세요 <?= name ?> 님</h1>
    <p>
      이번 달 청구 금액 안내드립니다.<br />
      <br />
      청구 금액: <?= billing ?> <br />
      감사합니다.
    </p>
  </body>
</html>
```

04 이메일의 본문을 대신할 HTML 파일을 추가했으니 이제 앱스 스크립트 코드에 HTML 파일을 조합해보겠습니다. Code.gs 파일을 선택한 뒤 다음과 같이 수정합니다. **const를 let으로 수정하는 것도 잊지 마세요.**

TIP 앱스 스크립트 코드는 Part 06 한꺼번에 이메일 100개 보내기 를 마친 상태의 코드로 진행하세요.

바로 자동화 코드 bit.ly/4jGQwXr

```
function myFunction() {
  const spreadSheet = SpreadsheetApp.getActiveSpreadsheet();

  // list 시트의 모든 데이터(A2:B101) 가져오기
  const customerListSheet = spreadSheet.getSheetByName("list");
  const customerDatas = customerListSheet.getRange("A2:D101").getValues();
```

```
  // template 시트의 메일 내용 가져오기
  const mailTemplateSheet = spreadSheet.getSheetByName("template");
  const templateDatas = mailTemplateSheet.getRange("A2:B2").getValues();
  const mailTitle = templateDatas[0][0]; // 메일 제목
  let htmlTemplate= HtmlService.createTemplateFromFile('template'); // 메일 내용
...생략...
```

여기를 고치세요

HtmlService.createTemplateFromFile('template')이라는 코드는 template.html 파일을 앱스 스크립트 코드로 가져오라는 뜻입니다. 그림으로 표현하면 다음과 같습니다.

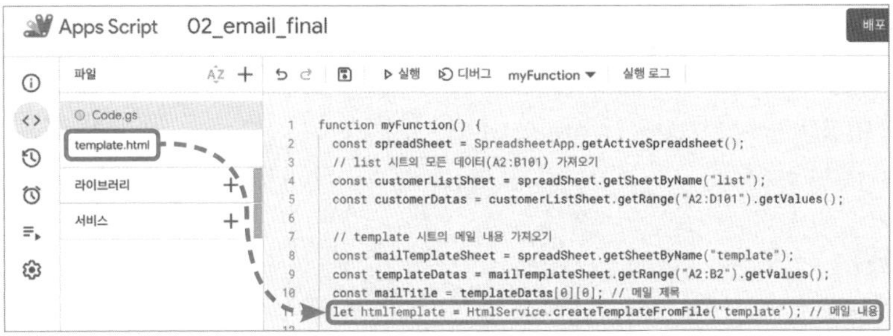

05 앱스 스크립트 코드로 HTML 파일을 가져왔으니 이제 메일 내용을 수정하면 됩니다. 메일 내용에 쓸 스프레드시트의 값에 해당하는 고객 이름과 청구 대금을 HTML 코드에 반영하려면 다음과 같이 코드를 작성하면 됩니다.

바로 자동화 코드 bit.ly/4jGQwXr

```
...생략...
  for (let i = 0; i < customerDatas.length; i++) {
    // ❶ list 시트의 고객 이름을 HTML의 <?= name ?>에 반영
    htmlTemplate.name = customerDatas[i][0];

    // ❷ list 시트의 청구 대금을 HTML의 <?= billing ?>에 반영
    htmlTemplate.billing = customerDatas[i][1];
...생략...
```

❶ htmlTemplate 변수에는 쉽게 말해 template.html 파일이 있습니다. 이때 htmlTemplate에 점을 찍고 name을 이어서 입력하면 해당 HTML 파일에서 〈?=, ?〉로 묶은 같은 이름의 위치를 찾습니다. 예를 들어 htmlTemplate.name은 template.html 파일에서 〈?= name ?〉을 찾습니다. 여기에 customerDatas[i][0]의 값(스프레드시트의 A열 고객 이름)을 반영하는 것입니다.

❷ 마찬가지로 htmlTemplate.billing은 template.html 파일에서 〈?= billing ?〉을 찾습니다. 여기에 customerDatas[i][1]의 값(스프레드시트의 B열 청구 대금)을 반영하는 것입니다.

이 코드의 이해를 돕기 위해 그림을 첨부하였습니다. 그림을 차분하게 보면서 HTML 코드와 앱스 스크립트 코드, 스프레드시트의 관계를 잘 이해해보기 바랍니다.

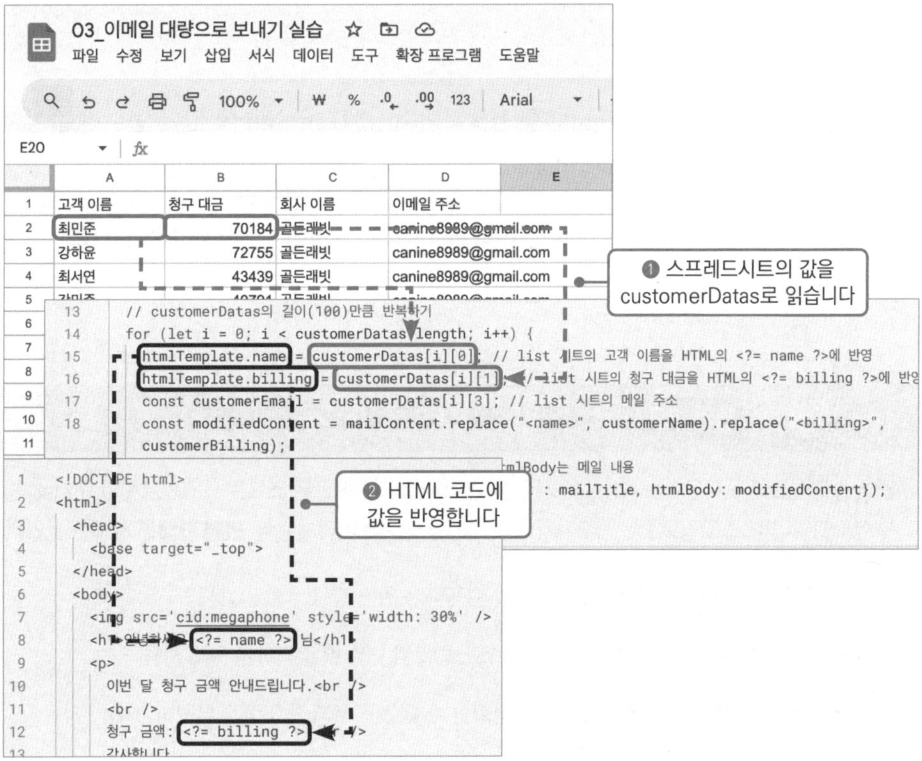

06 마지막으로 메일 본문을 담당하던 modifiedContent 변수에 HTML 파일을 적용합니다.

바로 자동화 코드 bit.ly/4jGQwXr

```
...생략...
  // customerDatas의 길이(100)만큼 반복하기
  for (let i = 0; i < customerDatas.length; i++) {
  htmlTemplate.name = customerDatas[i][0];
  htmlTemplate.billing = customerDatas[i][1];
  const customerEmail = customerDatas[i][3];

  // ❶ 메일 본문을 HTML 파일로 적용하고 보내기
  const modifiedContent = htmlTemplate.evaluate().getContent();
  MailApp.sendEmail({to : customerEmail, subject : mailTitle, htmlBody:
  modifiedContent});
  }
}
```

❶ evaluate( ).getContent( )를 실행하면 htmlTemplate에 있던 변수의 값이 반영된 최종의 HTML을 문자열로 가져옵니다.

이로써 HTML 파일을 기반으로 이메일 내용을 작성할 수 있게 되었습니다. 남은 일은 이미지 추가 작업만 완료하면 됩니다.

궁금해요! **<?=로 시작해서 ?>로 끝나는 코드가 뭐죠?**

앱스 스크립트에서 사용하는 HTML에 사용한 <?= billing ?>과 같은 코드는 스크립트릿(scriptlet)이라는 특수 태그입니다. 스크립트릿은 총 3가지 형태로 사용하는데 여기서는 **두 번째 형태를 사용**한 것입니다.

- **<?로 시작해서 ?>로 끝내는 것 :** 코드를 실행하기 위해 사용
- **<?=로 시작해서 ?>로 끝내는 것 :** 앱스 스크립트의 변수를 출력하기 위해 사용
- **<?!=로 시작해서 ?>로 끝내내는 것 :** 신뢰할 수 없는 사용자의 입력을 무시하기 위해 사용

두 번째 형태는 프린팅 스크립트릿(printing scriptlets)이라고 특별히 구분지어 부릅니다.

바로 실습 17 이메일에 이미지 추가하기

구글 드라이브에 업로드된 파일은 모두 고유한 식별자인 ID라는 값을 가집니다. 우리가 태어나면 주민등록번호를 부여받는 것처럼 파일도 같은 번호를 받습니다. 이를 활용하여 앱스 스크립트에서 이미지를 가져올 수 있습니다.

01 구글 드라이브에서 [업로드한 파일]을 더블 클릭한 뒤 이미지가 크게 노출되면 오른쪽 상단의 [⋮]아이콘을 클릭한 뒤 [새 창에서 열기] 버튼을 클릭합니다.

02 새로 열린 창에서 url을 확인합니다. .../file/d/와 /view 사이에 있는 값이 이미지 파일의 ID입니다. 제가 본 값과 여러분이 보고 있는 값은 다를 수 있습니다. ID값은 고유해야 하므로 제가 올린 파일과 여러분이 올린 파일의 ID값이 다른 건 정상입니다.

03 ID를 이용해서 앱스 스크립트에 이미지를 추가해봅시다. 다음과 같이 앱스 스크립트 코드를 수정합니다.

바로 자동화 코드 bit.ly/4jGQwXr

```
...생략...
// template 시트의 메일 내용 가져오기
const mailTemplateSheet = spreadSheet.getSheetByName("template");
const templateDatas = mailTemplateSheet.getRange("A2:B2").getValues();

// ❶ ID로 이미지를 불러오기
const imageFile = DriveApp.getFileById("-*******-H2_nkZQIVBL");

// ❷ inlineImages 변수에 객체를 만들고 megaphone 필드에 imageFile 변수 할당하기
const inlineImages = {
  megaphone: imageFile
}
const mailTitle = templateDatas[0][0]; // 메일 제목
let htmlTemplate = HtmlService.createTemplateFromFile('template'); // 메일 내용
...생략...
```

❶ 구글 드라이브에 업로드한 파일에 접근할 수 있도록 도와주는 DriveApp.getFileById( ) 메서드를 활용해서 파일을 불러옵니다. 단, 파일 ID는 반드시 앞서 확인한 본인의 파일 ID를 넣어야 합니다.

❷ 이미지를 사용할 수 있도록 객체를 만들고 megaphone 필드에 imageFile 변수를 할당합니다.

04 for문 안에서 sendEmail( ) 안의 중괄호 부분에 다음 코드를 추가합니다.

바로 자동화 코드 bit.ly/4jGQwXr

```
...생략...
MailApp.sendEmail({
```

```
  to: customerEmail,
  subject: mailTitle,
  htmlBody: modifiedContent,
  inlineImages: inlineImages, // ❶ 이메일 본문에서 사용하는 이미지를 전달
});
...생략...
```

이렇게 변경하면 HTML 파일에서 〈img src="cid:megaphone' ...〉위치에 이미지가 들어갑니다.

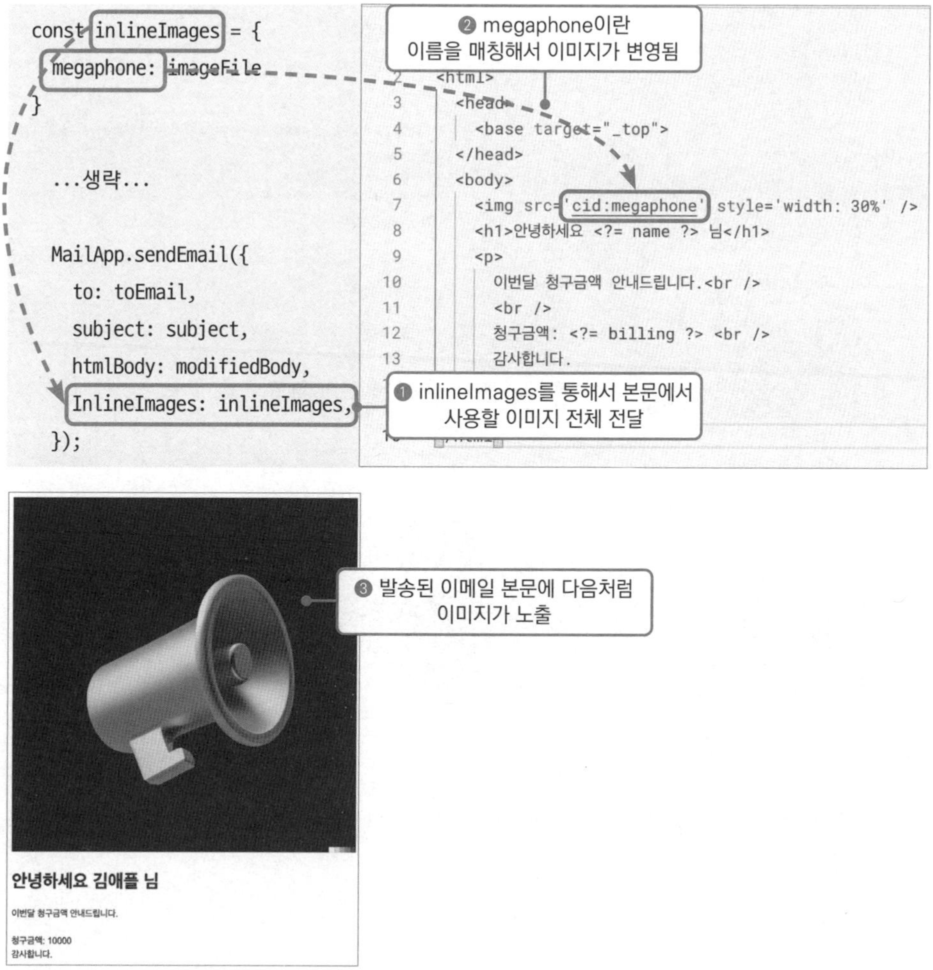

05 이제 메일을 보낼 시간입니다! 코드를 실행하면 스프레드시트에 있는 고객 수만큼 이미지가 포함된 이메일이 발송될 것입니다.

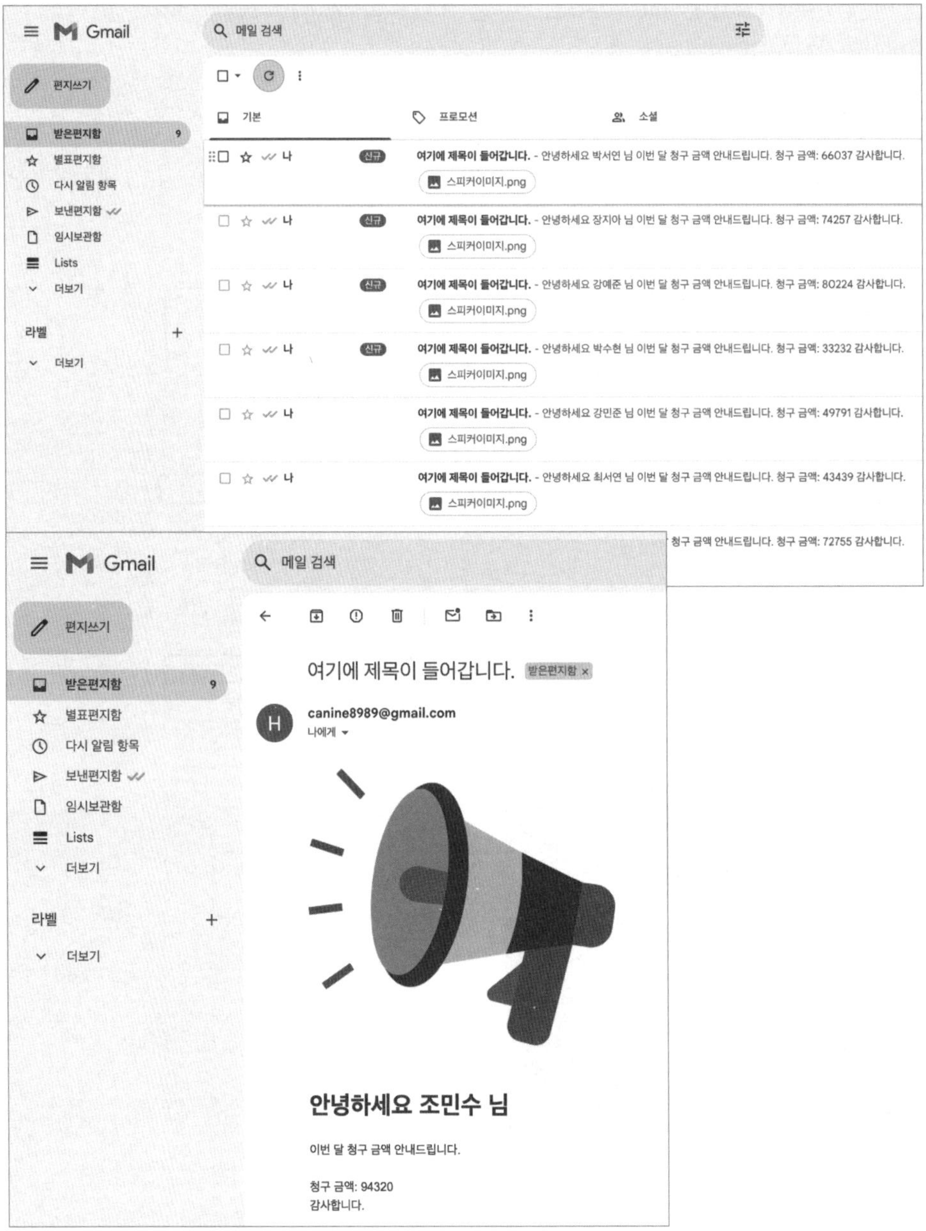
Gmail
메일 검색
편지쓰기
받은편지함 9
별표편지함
다시 알림 항목
보낸편지함
임시보관함
Lists
더보기
라벨
기본
프로모션
소셜
여기에 제목이 들어갑니다. - 안녕하세요 박서연 님 이번 달 청구 금액 안내드립니다. 청구 금액: 66037 감사합니다.
여기에 제목이 들어갑니다. - 안녕하세요 장지아 님 이번 달 청구 금액 안내드립니다. 청구 금액: 74257 감사합니다.
여기에 제목이 들어갑니다. - 안녕하세요 강예준 님 이번 달 청구 금액 안내드립니다. 청구 금액: 80224 감사합니다.
여기에 제목이 들어갑니다. - 안녕하세요 박수현 님 이번 달 청구 금액 안내드립니다. 청구 금액: 33232 감사합니다.
여기에 제목이 들어갑니다. - 안녕하세요 강민준 님 이번 달 청구 금액 안내드립니다. 청구 금액: 49791 감사합니다.
여기에 제목이 들어갑니다. - 안녕하세요 최서연 님 이번 달 청구 금액 안내드립니다. 청구 금액: 43439 감사합니다.
스피커이미지.png
청구 금액 안내드립니다. 청구 금액: 72755 감사합니다.
여기에 제목이 들어갑니다. 받은편지함
canine8989@gmail.com
나에게
안녕하세요 조민수 님
이번 달 청구 금액 안내드립니다.
청구 금액: 94320
감사합니다.

Chapter 09

챗GPT로 이미지가 있는 이메일 발송 코드 만들기

학생: 선생님, 드디어 이미지가 포함된 이메일 보내기 앱스 스크립트 코드를 완성했어요. 그런데 이번에도 정말 쉽지 않았어요. 혹시 이것도 챗GPT에게 요청해서 받을 수 있을까요?

선생님: 정말 잘하셨어요! 이미지가 포함된 이메일은 조금 더 복잡하지만, 그만큼 완성도가 높아지죠. 어려움을 겪는 건 당연한 일이니 걱정하지 마세요. 그리고 배운 내용을 바탕으로 챗GPT를 활용해 코드를 만들어보는 것도 좋은 방법이에요. 중요한 키워드와 설명을 잘 전달하면, 챗GPT가 훌륭한 코드를 만들어줄 겁니다.

바로 실습 18 챗GPT로 이미지가 있는 대량 메일 보내기

01 챗GPT에게 이렇게 질문해봅니다.

스프레드시트에 list 시트가 있는데 시트의 내용은 다음과 같아.

- list 시트 : 고객 이름, 청구 대금, 회사 이름, 이메일 주소가 적혀 있고 총 10개의 행으로 구성되어 있음

이 시트의 내용을 바탕으로 고객에게 이메일을 보내야 해.

- template.html이라는 파일을 바탕으로 이메일을 발송해야 함
- ID가 11Q*****B9ql_--H2_nkZQIVBL인 구글 드라이브의 이미지를 포함시켜야 함

앱스 스크립트로 이메일을 발송하도록 코드를 만들어 봐.

TIP ID는 여러분의 구글 드라이브에 있는 이미지 ID를 입력하세요.

아래는 Google Apps Script로 이메일을 발송하기 위한 코드입니다. 이 스크립트는 list 시트의 데이터를 읽고, template.html 파일을 이용하여 이메일 내용을 생성한 후, 지정된 Google Drive 이미지를 포함하여 고객에게 이메일을 발송합니다.

1. Google Apps Script 코드 작성

Google 스프레드시트에서 확장 프로그램 > Apps Script로 이동하여 아래 코드를 작성합니다.

```
function sendEmails() {
  // 스프레드시트를 참조
  const sheet = SpreadsheetApp.getActiveSpreadsheet().getSheetByName("list");
  const data = sheet.getDataRange().getValues(); // 시트의 모든 데이터 가져오기

  // 첫 번째 행은 헤더이므로 제외
  const headers = data[0];
  const rows = data.slice(1);

  // HTML 템플릿 파일 로드
  const template = HtmlService.createHtmlOutputFromFile("template.html").
  getContent();

  // 이미지 URL 가져오기 (구글 드라이브 파일 ID 이용)
  const imageId = "11Q**sB9ql_--H2_nkZQIVBL";
  const imageUrl = "https://drive.google.com/uc?id=" + imageId;

  // 각 행에 대해 이메일 발송
  rows.forEach(row => {
    const [customerName, billAmount, companyName, emailAddress] = row;

  // 템플릿에 동적 데이터 삽입
  const emailBody = template
    .replace("{{customerName}}", customerName)
    .replace("{{billAmount}}", billAmount)
    .replace("{{companyName}}", companyName)
```

여러분이 설정한 구글 드라이브의 이미지 ID인지 확인하세요

```
    .replace("{{imageUrl}}", imageUrl);

    // 이메일 발송
    GmailApp.sendEmail(emailAddress, "Your Invoice Details", "", {
      htmlBody: emailBody
    });
  });
  // 작업 완료 알림
  SpreadsheetApp.getUi().alert("이메일 발송이 완료되었습니다!");
}
```

2. HTML 템플릿 (template.html)

Apps Script의 파일 > 새 파일 > HTML을 선택하여 template.html 파일을 생성하고 아래 코드를 작성합니다.

```
<!DOCTYPE html>
<html>
<body>
<p>Dear {{customerName}},</p>
<p>Thank you for choosing {{companyName}}.</p>
<p>Your bill amount is <b>{{billAmount}}</b>.</p>
<p>If you have any questions, feel free to contact us.</p>
<img src="{{imageUrl}}" alt="Company Logo" style="width:200px; height:auto;"
/>
<p>Best regards,</p>
<p>Your Company Team</p>
</body>
</html>
```

3. 구글 드라이브에서 이미지 설정

이미지 파일 공유 설정을 "모두 보기 가능" 또는 "링크가 있는 모든 사용자 보기 가능"으로 설정해야 합니다. 스크립트에서 imageId는 이미지의 Google Drive 파일 ID입니다. 이를 통해 이미지를 이메일에 삽입합니다.

4. 스크립트 실행

Apps Script 편집기에서 sendEmails 함수를 선택하고 실행합니다. 처음 실행 시 권한 요청이 나타나며, 이를 승인합니다. 실행이 완료되면 각 고객에게 이메일이 발송됩니다.

주의 사항

Gmail 일일 전송 제한(일반 계정은 약 500건, 워크스페이스 계정은 약 2000건)을 초과하지 않도록 주의하세요. 데이터가 올바른 형식인지 확인하세요. (이름, 이메일 주소 등)

코드를 그대로 복사하고 안내대로 코드를 실행하면 우리가 원하는 메일을 발송할 수 있습니다. 아쉽게도 영어로 메일을 작성했지만 HTML 코드에서 원하는 부분만 한글로 바꾸면 될 것 같네요.

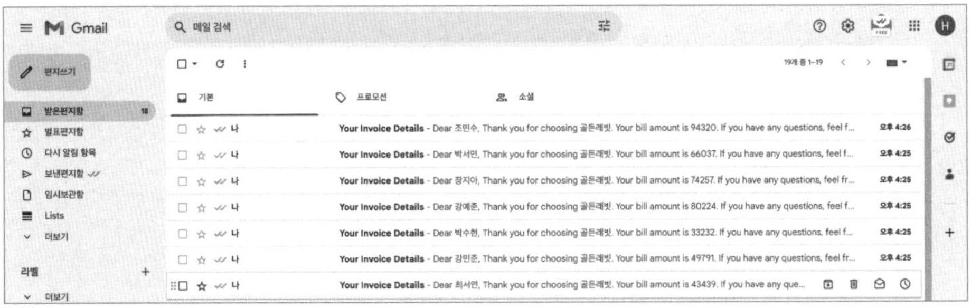
Gmail
메일 검색
편지쓰기
받은편지함
별표편지함
다시 알림 항목
보낸편지함
임시보관함
Lists
더보기
라벨
기본
프로모션
소셜
Your Invoice Details - Dear 조민수, Thank you for choosing 골든래빗. Your bill amount is 94320. If you have any questions, feel f...
Your Invoice Details - Dear 박서연, Thank you for choosing 골든래빗. Your bill amount is 66037. If you have any questions, feel f...
Your Invoice Details - Dear 정지아, Thank you for choosing 골든래빗. Your bill amount is 74257. If you have any questions, feel fr...
Your Invoice Details - Dear 강예준, Thank you for choosing 골든래빗. Your bill amount is 80224. If you have any questions, feel f...
Your Invoice Details - Dear 박수현, Thank you for choosing 골든래빗. Your bill amount is 33232. If you have any questions, feel f...
Your Invoice Details - Dear 강민준, Thank you for choosing 골든래빗. Your bill amount is 49791. If you have any questions, feel fr...
Your Invoice Details - Dear 최서연, Thank you for choosing 골든래빗. Your bill amount is 43439. If you have any que...

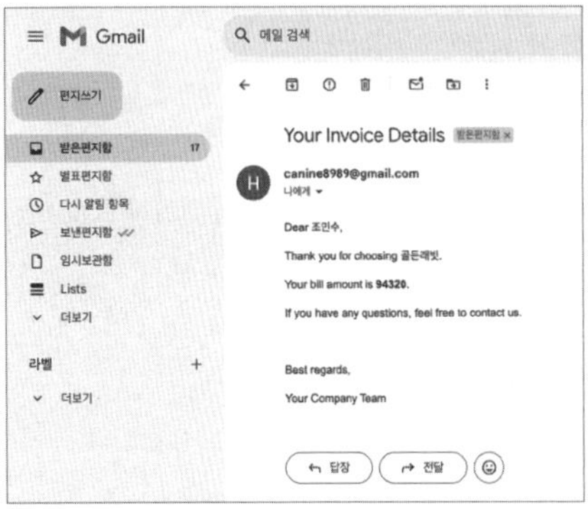
Gmail
메일 검색
편지쓰기
받은편지함
별표편지함
다시 알림 항목
보낸편지함
임시보관함
Lists
더보기
라벨
더보기
Your Invoice Details
canine8989@gmail.com
나에게
Dear 조민수,
Thank you for choosing 골든래빗.
Your bill amount is 94320.
If you have any questions, feel free to contact us.
Best regards,
Your Company Team
답장
전달

정말 쉽네?

Part 05

첨부 파일이 있는 이메일 보내기

여기서 공부할 내용

Part 04 이미지가 있는 이메일 보내기 을 공부하니 이제는 첨부 파일도 보내고 싶어졌습니다. 아마 여러분도 그럴 것입니다. 이미지를 추가하기 쉽다면 첨부 파일도 추가하기 쉽지 않을까요? 이 내용을 통해 이메일 관련 자동화 업무를 완벽하게 끝내봅시다!

Chapter 10

정산 내역서 첨부 파일을 이메일에 추가해서 보내기

학생: 선생님, 이번에 또 새로운 문제가 생겼어요. 이번에는 이메일에 엑셀 파일을 첨부해야 할 일이 생겼거든요. 고객사가 정산 내역을 정기적으로 보내달라고 요청했어요. 구글 드라이브에 이미지를 업로드해서 이메일로 보낼 수 있었으니, 이 문제도 해결할 수 있을 것 같은데요. 어떻게 하면 좋을까요?

선생님: 아주 좋은 관찰력이에요! 구글 드라이브에서 이미지를 첨부할 수 있다면, 엑셀 파일도 같은 방식으로 처리할 수 있습니다. 구글 드라이브에 있는 파일을 불러와 이메일에 첨부하는 방법을 배워보면 돼요. 함께 문제를 해결하며 코드를 작성해봅시다. 준비되셨죠?

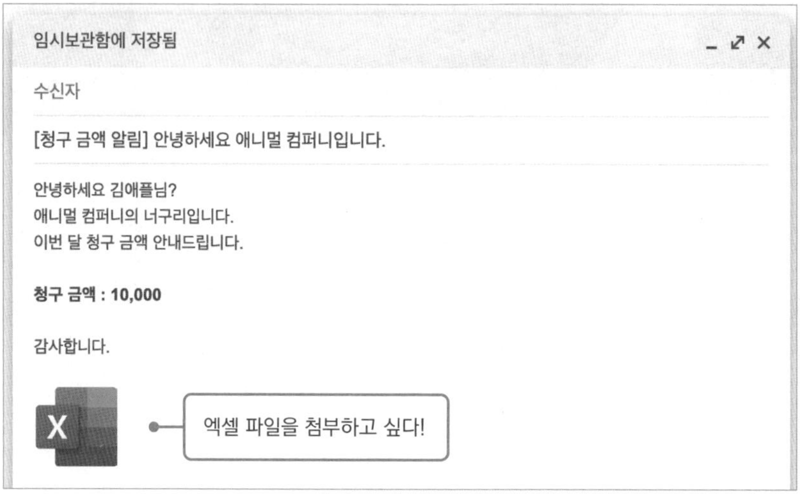
임시보관함에 저장됨
수신자
[청구 금액 알림] 안녕하세요 애니멀 컴퍼니입니다.
안녕하세요 김애플님?
애니멀 컴퍼니의 너구리입니다.
이번 달 청구 금액 안내드립니다.
청구 금액 : 10,000
감사합니다.
X
엑셀 파일을 첨부하고 싶다!

흠… 어떻게 이 문제를 해결할 수 있을까요? 그런데 구글 드라이브에 업로드한 이미지를 이메일로 보낼 수 있으니 이것도 할 수 있겠다는 생각이 듭니다. 이제 이 문제를 함께 해결해봅시다!

분석하기 정확히 무엇이 문제일까?

문제 상황은 이미지가 있는 메일을 보낼 때와 비슷합니다. 여기서는 첨부 파일을 넣는 방법만 알면 됩니다.

분석 01 이메일에 파일을 업로드해야 한다

이메일에 첨부 파일을 넣어야 하니 첨부 파일이 필요합니다. 이미 구글 드라이브를 활용해서 이미지를 업로드한 경험이 있습니다. **우리는 첨부할 파일을 구글 드라이브에 업로드할 겁니다.**

분석 02 많은 파일을 다뤄야 한다

구글 드라이브에 업로드된 파일 중에서 중 각 고객사에 보내야 할 파일을 이메일에 첨부해서 보내야 합니다. 이전과 달리 파일이 많이 사용되니까 폴더를 만들어서 해당 폴더에 파일을 업로드해서 사용하는 게 편리합니다. **구글 드라이브의 특정 폴더를 만들고 파일을 업로드합니다.**

분석 03 각 고객별로 다른 첨부 파일을 보내야 한다

이미지를 본문에 넣었던 방법과 달리 각 고객별로 다른 첨부 파일을 보내야 합니다. 구글 드라이브에 파일은 준비되었으니 **스프레드시트에 컬럼을 추가하고 어떤 고객에게 어떤 파일을 보내야 할지 파일명을 기입합니다.**

분석 04 이메일에 파일을 첨부해서 보내야 한다

이메일을 보낼 때 파일을 첨부하려면 MailApp.sendEmail( ) 함수를 사용하면 됩니다. 이 함수는 이미 이메일 Part 03 메일링 자동화하기 에서 사용했었죠. **이 함수에 사용할 수 있는 옵션 중 attachments를 사용하면 파일을 첨부할 수 있습니다.**

이제 이메일에 첨부할 파일을 준비하여 구글 드라이브에 업로드하고 실습을 진행해봅시다. 이 책에서는 명세서를 가정하고 있으므로 명세서를 챗GPT로 하나 만들어 구글 드라이브에 업로드했습니다.

바로 실습 19 챗GPT로 명세서 데이터 준비하기

01 다음과 같이 챗GPT에게 부탁하여 명세서 파일을 받아보세요.

> 가상의 회사 '골든피그', '골든래빗'에 보낼 명세서를 각각의 엑셀 파일로 간단하게 만들어 줘.

> 이 작업은 각 고객에게 맞춤형 이메일을 만드는 자동화된 방식으로 수행할 수 있습니다. 아래에 설명된 단계에 따라 스프레드시트와 Google Apps Script를 사용하여 자동화된 메일 발송 스크립트를 작성할 수 있습니다.
>
> - 골든피그 명세서
> - 골든래빗 명세서
>
> 필요한 내용이 있으면 말씀해주세요!

02 파일을 다운로드하여 파일을 열어 확인하면 간단한 명세 내용이 들어 있습니다. 제대로 내용이 들어 있는지 확인한 다음 파일을 구글 드라이브에 '명세서' 폴더를 만들어 업로드하세요.

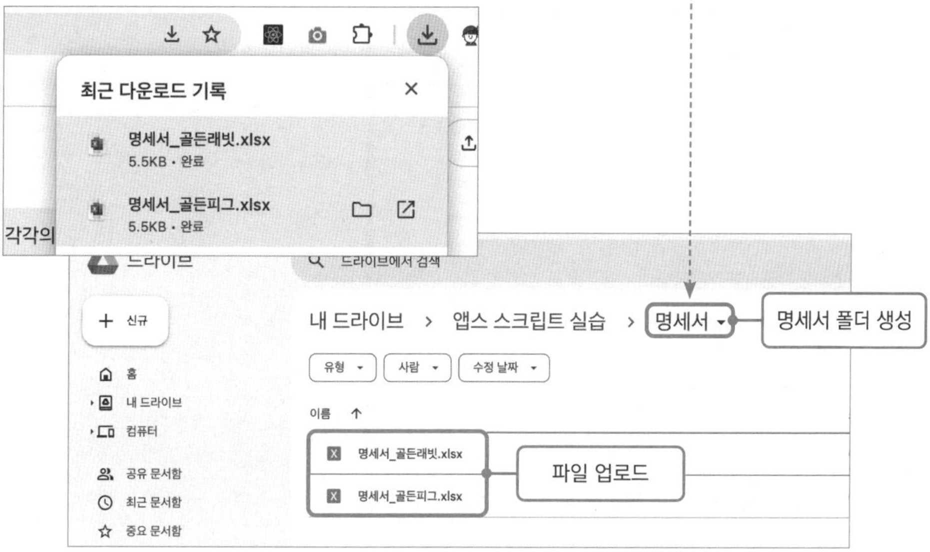

03 이메일을 통해 파일을 전송하려면 이메일을 수신한 사람이 파일을 볼 수 있도록 권한을 설정해야 합니다. 업로드한 파일을 모두 선택한 다음 마우스 오른쪽 버튼을 눌러서 [공유 → 공유]를 차례로 선택합니다.

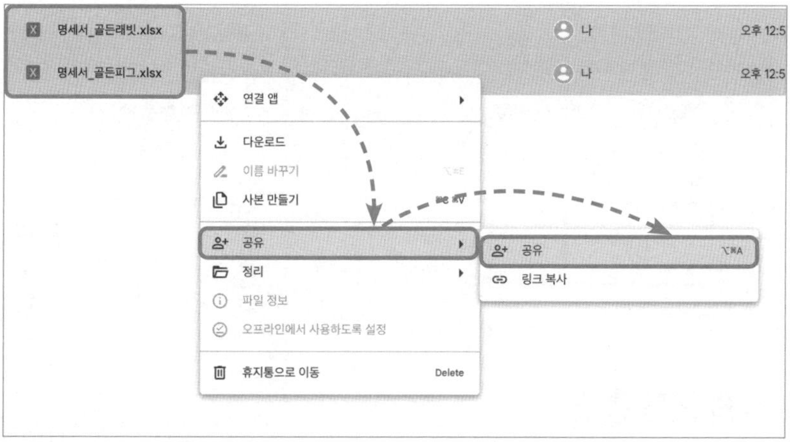

04 일반 엑세스의 [링크가 있는 모든 사용자]를 선택하고 [완료] 버튼을 클릭해서 공유 권한 설정을 완료합니다.

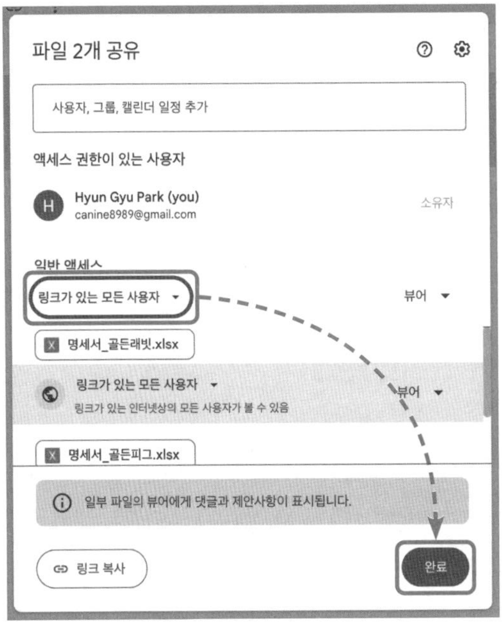

05 고객별로 다른 파일을 첨부하기 위해서 스프레드시트에 새로운 열을 추가하고 두 파일 이름 중 하나를 입력합니다. **파일 이름을 입력할 때는 반드시 확장자까지 입력해야 합니다.**

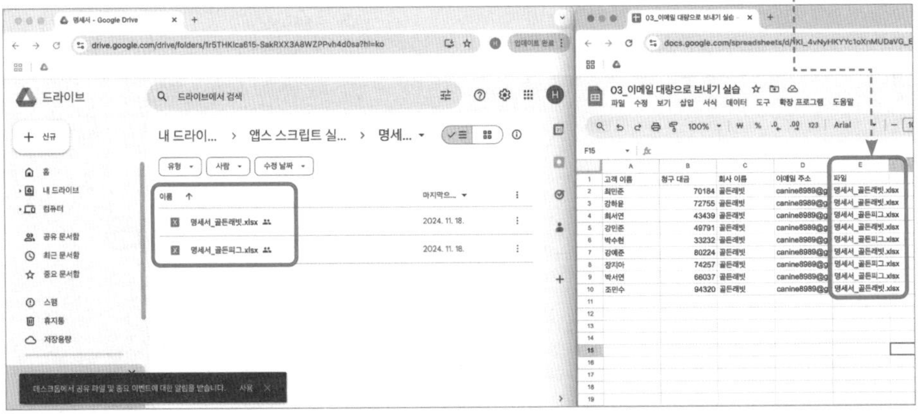

이제 메일에 보낼 데이터도 준비가 되었습니다! 남은 일은 스프레드시트의 내용을 수정하여 어떤 파일을 어떤 고객에게 보낼지 정하는 것과 앱스 스크립트 코드를 수정하는 것입니다!

데이터가 준비되었습니다. 이제 이 파일을 첨부하여 이메일을 발송할 차례입니다. 여기서도 Part 04 이미지가 있는 이메일 보내기 에서 쓰던 앱스 스크립트 프로젝트를 계속하여 이용합니다. 여기서는 '명세서' 폴더 안에 있는 파일을 모두 읽은 다음 이를 스프레드시트에 적은 값과 비교하여 이메일에 첨부 파일로 넣는 과정을 연습해봅니다.

바로 실습 20 앱스 스크립트에서 구글 드라이브 특정 폴더에 있는 파일 읽어오기

01 스프레드시트 메뉴에서 [확장 프로그램 → Apps Script]를 눌러 앱스 스크립트 프로젝트를 엽니다.

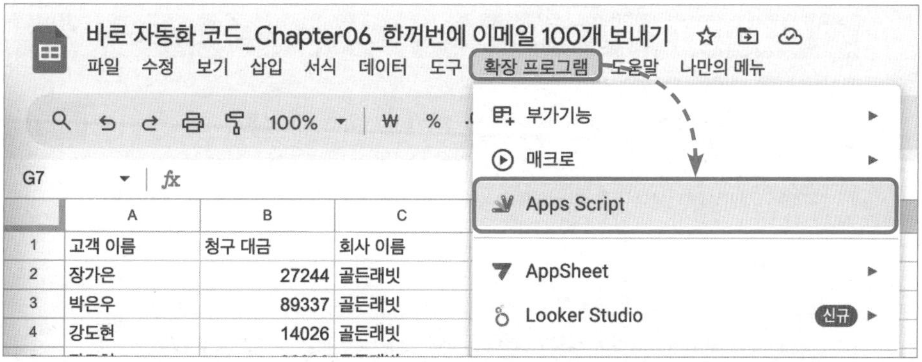

02 고객 데이터를 가져올 부분을 수정합니다. 고객 데이터는 A2:E10에 저혀 있으므로 이것을 앱스 스크립트에서 읽을 수 있도록 코드를 수정합니다.

A2:E10 ▾ *fx* 명세서_골든래빗.xlsx

	A	B	C	D	E
1	고객 이름	청구 대금	회사 이름	이메일 주소	파일
2	최민준	70184	골든래빗	canine8989@gm	명세서_골든래빗.xlsx
3	강하윤	72755	골든래빗	canine8989@gm	명세서_골든래빗.xlsx
4	최서연	43439	골든래빗	canine8989@gm	명세서_골든피그.xlsx
5	강민준	49791	골든래빗	canine8989@gm	명세서_골든래빗.xlsx
6	박수현	33232	골든래빗	canine8989@gm	명세서_골든피그.xlsx
7	강예준	80224	골든래빗	canine8989@gm	명세서_골든래빗.xlsx
8	장지아	74257	골든래빗	canine8989@gm	명세서_골든피그.xlsx
9	박서연	66037	골든래빗	canine8989@gm	명세서_골든피그.xlsx
10	조민수	94320	골든래빗	canine8989@gm	명세서_골든래빗.xlsx
11					

바로 자동화 코드 bit.ly/3ECq9BO

```
function myFunction() {
  const spreadSheet = SpreadsheetApp.getActiveSpreadsheet();
  const customerListSheet = spreadSheet.getSheetByName("list");
  const customerDatas = customerListSheet.getRange("A2:E10").getValues();

  // template 시트의 메일 내용 가져오기
  const mailTemplateSheet = spreadSheet.getSheetByName("template");
  const templateDatas = mailTemplateSheet.getRange("A2:B2").getValues();
...생략...
```

03 이제 앱스 스크립트로 구글 드라이브의 명세서 폴더에 접근하여 폴더에 있는 모든 파일을 가져옵니다. 이미지 불러오기 코드 아래에 다음 코드를 입력합니다. 이때 폴더 ID는 여러분이 명세서 폴더에 접속하면 볼 수 있는 주소 끝 부분에 있습니다.

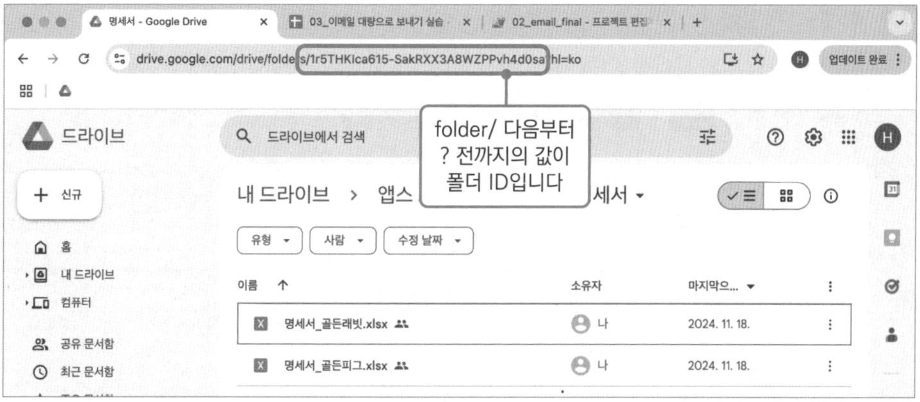

바로 자동화 코드 bit.ly/3ECq9BO

```
...생략...
// 이미지 불러오기
const imageFile = DriveApp.getFileById("11Q19ZatacZJMYsB9ql_--H2_nkZQIVBL");
const inlineImages = {
  megaphone: imageFile
}

// ❶ 폴더 ID 입력하고 폴더에 있는 파일 목록 가져오기
const folderID = '1r5THKIca******d0sa';
const folder = DriveApp.getFolderById(folderID);
const files = folder.getFiles();

// ❷ 폴더에 있는 파일들을 저장할 fileMap 만들기
const fileMap = new Map();
...생략...
```

❶ DriveApp.getFolderById( ) 함수는 구글 드라이브의 폴더 ID를 이용해서 특정 폴더에 접근합니다. 폴더에 접근한 다음에는 getFiles( ) 함수를 활용하면 폴더 내 모든 파일을 가져올 수 있습니다.

❷ 그런 다음 구글 드라이브 특정 폴더에 있는 파일 이름을 저장할 fileMap을 선언합니다. 쉽게 말해 파일 이름 사전 같은 걸 만들었다고 생각하면 됩니다.

04 실제로 파일을 다 읽어왔는지 확인하고 싶다면 files를 로그에 출력해보면 됩니다. 코드를 일시적으로 비활성화하려면 '주석'으로 만들면 됩니다. const files... 아랫줄에 있는 코드를 드래그한 다음 Ctrl + / 를 눌러 주석으로 만드세요.

```
// ❶ 폴더 ID 입력하고 폴더
const folderID = '1r5THKIca615-SakRXX3A8WZPPvh4d0sa';
const folder = DriveApp.getFolderById(folderID);
const files = folder.getFiles();

  // const mailTitle = templateDatas[0][0]; // 메일 제목
  // let htmlTemplate = HtmlService.createTemplateFromFile('template'); // 메일 내용

  // // customerDatas의 길이(100)만큼 반복하기
  // for (let i = 0; i < customerDatas.length; i++) {
  //   htmlTemplate.name = customerDatas[i][0]; // list 시트의 고객 이름을 HTML의 <?= name ?>에 반영
  //   htmlTemplate.billing = customerDatas[i][1]; // list 시트의 청구 대금을 HTML의 <?= billing ?>에 반영
  //   const customerEmail = customerDatas[i][3]; // list 시트의 메일 주소

  //   // 메일 본문을 HTML 파일로 적용하고 보내기
  //   const modifiedContent = htmlTemplate.evaluate().getContent();
  //   MailApp.sendEmail({
  //     to: customerEmail, subject: mailTitle, htmlBody: modifiedContent, inlineImages: inlineImages});
  //   }
```

드래그하고 주석 처리하기

05 로그로 files를 출력하는 코드를 추가하고 실행해봅니다.

바로 자동화 코드 bit.ly/3ECq9BO

```
...생략...
// 폴더 ID 입력하고 폴더에 있는 파일 목록 가져오기
const folderID = '1r5THKIca615-SakRXX3A8WZPPvh4d0sa';
const folder = DriveApp.getFolderById(folderID);
const files = folder.getFiles();
const fileMap = new Map();

// ❶ 로그로 폴더에 있는 파일 목록 출력
while(files.hasNext()){
  const file = files.next();
  const originFileName = file.getName();
  Logger.log(originFileName);
}

...생략...명세서 _골든래빗 .xlsx
```

```
명세서 _골든 피그 .xlsx
```
실행 결과

while(...) { ... }로 작성한 코드가 잘 이해되지 않을 수 있습니다. 다음 그림과 함께 코드를 이해해봅시다.

```
while(files.hasNext()){
  const file = files.next();
  const originFileName = file.getName();
  console.log(originFileName);
}
```

❶ 반복문을 계속 수행할 수 있는지 조건을 확인합니다. hasNext( ) 함수는 다음 파일이 있을 때 true을 반환합니다. 조건이 부합하면 실행문으로 이동합니다.

❷ 실행문을 순서대로 실행한 뒤 마지막으로 console.log( ) 함수로 파일 이름을 출력합니다. 그리고 다시 반복문을 계속 확인하기 위해서 ❸을 따라 조건문으로 돌아갑니다.

바로 실습 21 앱스 스크립트로 이메일에 파일 첨부하여 보내기

이제 앱스 스크립트에서 특정 구글 드라이브 폴더에 있는 파일을 가져올 수 있게 되었습니다. 이제는 이 파일을 이메일에 담아 보내봅시다!

01 파일 이름을 출력했던 while문을 다음과 같이 수정합니다. 여기서는 코드를 이해하기보다는 그냥 입력하는 것을 권합니다. 코드를 이해하려면 많은 설명이 필요합니다. 간단히 코드의 목적을 설명하자면 언제든지 인코딩한 파일 이름으로 파일을 찾기 위한 것입니다.

바로 자동화 코드 bit.ly/3ECq9BO

```
...생략...
while (files.hasNext()) {
  const file = files.next();
```

```
    const originFileName = file.getName();

    // ❶ 정규표현식으로 파일 이름 변경하기
    const normalizedFileName = originFileName.replace(/\s/g, '').normalize('NFC');

    // ❷ base64Encode(대상 문자열, 문자 집합을 지정)를 실행하면 문자열을 특정 문자 집
    합으로 인코딩함
    const encodeFileName = Utilities.base64Encode(
      normalizedFileName,
      Utilities.Charset.UTF_8
    );

    // ❸ set(값을 구분하는 키, 값)으로 Map에 데이터를 추가
    fileMap.set(encodeFileName, file);
  }
  ...생략...
```

❶ replace( ) 함수는 문자열을 변경할 때 사용합니다. 지금은 originFileName을 변경하여 normalizedFileName에 저장합니다. /\s/g는 정규표현식입니다. 문자열에서 특정 패턴을 찾기 위해 사용했습니다. normalize( ) 함수는 replace( )로 바꾼 문자열을 특정 형식으로 변경합니다. 여기서는 NFC 형식으로 변경했습니다. 이렇게 하는 이유는 문자열을 다루는 방식이 달라 발생하는 프로그램의 오류를 줄이기 위함입니다. 이해가 어렵다면 그냥 입력해도 좋습니다.

❷ base64Encode( ) 함수로 비교하기 쉬운 문자 집합으로 변경합니다. 이렇게 하면 파일을 찾지 못하는 문제를 방지할 수 있습니다. 이 코드 역시 이해하기 어렵다면 그냥 입력해도 좋습니다.

❸ set( ) 함수는 fileMap에 새 값을 추가할 때 사용합니다. 필요한 파일을 쉽게 찾기 위해 인코딩한 파일 이름을 키로 넣어줬습니다. 쉽게 말해 파일 이름을 찾기 위한 사전을 만들었다고 생각하면 됩니다.

02 이제 마지막으로 메일을 보내는 부분의 코드를 다시 활성화시키고 attachments 옵션에 첨부 파일을 추가하여 메일을 보내면 됩니다. 코드를 다시 활성화하는 방법은 비활성화된 코드 부분만 정확하게 드래그한 다음 [Ctrl + /]를 누르면 됩니다.

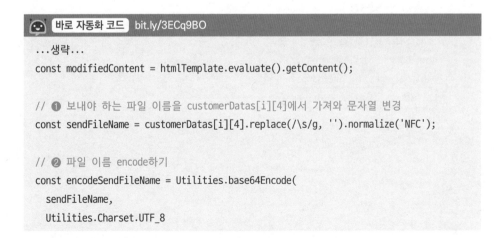

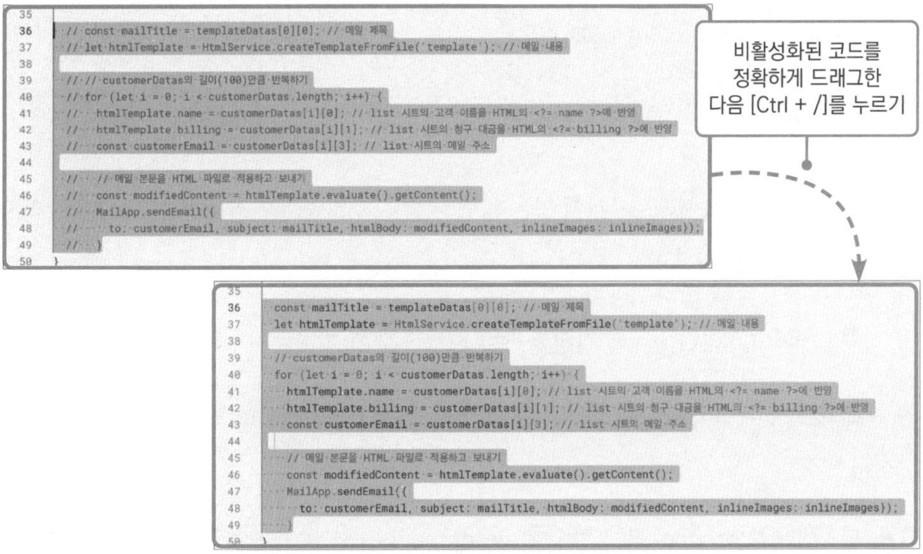
비활성화된 코드를
정확하게 드래그한
다음 [Ctrl + /]를 누르기

03 앱스 스크립트의 for문 안에 있는 modifiedContent 변수와 sendEmail( ) 함수 사이에 다음과 같은 내용을 추가합니다.

바로 자동화 코드 bit.ly/3ECq9BO

```
...생략...
const modifiedContent = htmlTemplate.evaluate().getContent();

// ❶ 보내야 하는 파일 이름을 customerDatas[i][4]에서 가져와 문자열 변경
const sendFileName = customerDatas[i][4].replace(/\s/g, '').normalize('NFC');

// ❷ 파일 이름 encode하기
const encodeSendFileName = Utilities.base64Encode(
  sendFileName,
  Utilities.Charset.UTF_8
```

```
);

// ❸ get(찾아하는 키)으로 Map 내 데이터 접근
const findFile = fileMap.get(encodeSendFileName);
// ❹ 배열로 만들어서 attachments 변수에 저장
const attachments = [findFile];
MailApp.sendEmail({
...생략...
```

❶~❷를 통해 스프레드시트에 있는 파일 이름을 가져와 문자열을 변경한 뒤 저장하고 인코드[encode]합니다.

❸ fileMap.get( ) 함수로 가져온 파일 이름이 실제 구글 드라이브에 있는지 찾습니다.

❹ 메일에 다수의 파일을 첨부할 수 있기 때문에 attachments는 배열로 지정했습니다.

04 마지막으로 sendEmail( ) 함수에 attachments 옵션을 추가하여 구글 드라이브에서 찾은 파일을 담아 메일을 전송하게 합니다.

바로 자동화 코드 bit.ly/3ECq9BO

```
...생략...
MailApp.sendEmail({
  to: customerEmail,
  subject: mailTitle,
  htmlBody: modifiedContent,
  inlineImages: inlineImages,
  attachments: attachments
});
...생략...
```

05 메일을 보내기 전에는 HTML 기반으로 보내는 메일이므로 혹시 챗GPT 실습을 하면서 만든 HTML 코드가 적용되어 있지 않은지 확인해보세요. 이 코드를 실행하려면 다음 HTML 코드가 필요합니다. template.html을 다음과 같이 작성했는지 확인하세요.

바로 자동화 코드 bit.ly/3ECq9BO

```
<!DOCTYPE html>
<html>
 <head>
   <base target="_top">
 </head>
 <body>
   <img src='cid:megaphone' style='width: 30%' />
   <h1>안녕하세요 <?= name ?> 님</h1>
   <p>
     이번 달 청구 금액 안내드립니다.<br />
     <br />
     청구 금액: <?= billing ?> <br />
     감사합니다.
   </p>
 </body>
</html>
```

06 다 확인했다면 이제 메일을 보낼 시간입니다! 메일을 보내면 다음과 같이 스프레드시트에 적은 고객 정보 수만큼 메일을 발송합니다.

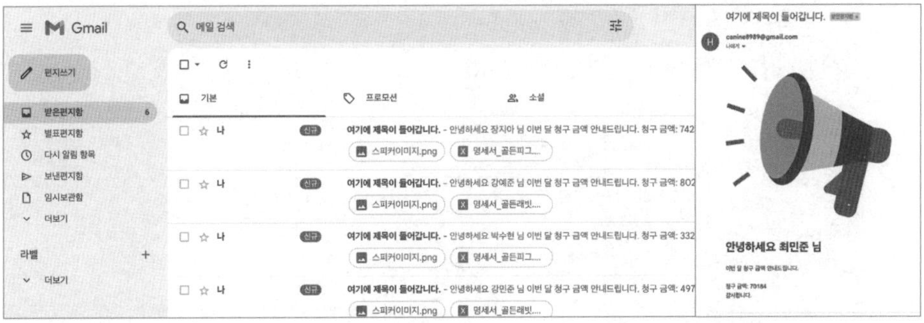

Chapter 11

챗GPT로 첨부 파일 이메일 발송 코드 만들기

선생님, 이메일에 엑셀 파일을 첨부하는 것도 꽤 어려워 보였는데, 챗GPT가 이런 것도 잘 도와주네요. 그런데 이번에는 첨부 파일 이름을 고객 이름을 포함한 형식으로 수정하고 싶어요. 예를 들어, **OOO_명세서_골든래빗.xlsx** 같은 형식으로요. 어떻게 하면 좋을까요?

학생

선생님

좋은 아이디어예요! 파일 이름에 고객 이름을 포함하면 수신자가 쉽게 알아볼 수 있겠죠. 이를 구현하려면 앱스 스크립트에서 파일 이름을 동적으로 설정하면 됩니다. 고객 데이터를 읽어와 이름을 앞에 추가하고, 해당 이름으로 파일을 생성하거나 복사해서 첨부하면 돼요. 챗GPT를 활용해 이 부분을 수정하는 코드를 작성해봅시다. 함께 시작해볼까요?

바로 실습 22 챗GPT로 첨부 파일이 있는 대량 이메일 보내기

01 그렇게 하려면 완성된 코드를 챗GPT에게 제시하면서 원하는 수정을 이야기하면 됩니다.

내가 작성한 코드에 다음 조건을 추가해서 수정해 봐.

- 첨부파일의 이름 맨 앞에 고객 이름 열의 고객 이름을 붙이고 _로 구분해.

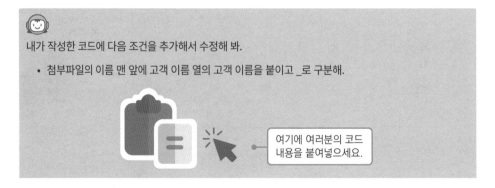

여기에 여러분의 코드
내용을 붙여넣으세요.

작성하신 코드에 첨부 파일 이름 앞에 고객 이름을 추가하고, _로 구분하도록 수정해 보았습니다.

아래는 수정된 코드입니다:

참고용 코드입니다. 여러분의 챗GPT 코드와 다를 수 있습니다.

```
function myFunction() {
...생략...
   // 고객 이름과 파일명을 결합
   const customerName = customerDatas[i][0]; // 고객 이름
   const sendFileName = customerDatas[i][4].replace(/\s/g, '').
   normalize('NFC');
   const customFileName = `${customerName}_${sendFileName}`; // 고객 이름 +
   "_" + 파일명

   // encode된 파일명
   const encodeSendFileName = Utilities.base64Encode(
     sendFileName,
     Utilities.Charset.UTF_8
   );
   // 보낼 파일을 fileMap에서 찾아냄
   const findFile = fileMap.get(encodeSendFileName);

   if (findFile) {
     // 파일 이름 변경
     const renamedFile = findFile.makeCopy(customFileName);
     const attachments = [renamedFile]; // 변경된 파일을 첨부

     MailApp.sendEmail({
       to: customerEmail,
       subject: mailTitle,
       htmlBody: modifiedContent,
       inlineImages: inlineImages,
       attachments: attachments
     });
```

```
      // 보내고 난 후 복사한 파일 삭제 (필요에 따라 조정 가능)
      renamedFile.setTrashed(true);
    }
  }
}
```

수정 내용:

1. 첨부 파일 이름에 고객 이름 추가:

   a. customerName 변수에 고객 이름을 저장.

   b. 기존 파일명과 고객 이름을 _로 구분하여 결합.

2. 파일 이름 변경 처리:

   a. makeCopy 메서드를 사용해 파일 복사본을 생성하고, 새 이름을 지정.

   b. 복사한 파일을 첨부한 후, 임시 복사 파일은 삭제(setTrashed(true)) 처리.

참고:

1. 파일 복사 및 삭제는 실제 파일 구조를 유지하면서 이름을 변경하기 위한 방법입니다.
2. 파일 삭제를 원하지 않는 경우, setTrashed(true) 부분을 제거하면 됩니다.
3. 파일 이름이 동일한 경우 덮어쓰기를 방지하려면 고유 ID를 추가하거나 추가적인 로직을 구현할 수 있습니다.

02 그러면 2가지 코드의 변경점이 생긴 것을 알 수 있습니다. 우선 파일 이름에 추가할 고객 이름을 저장하는 코드와, 파일 이름을 변경하기 전에 보낼 파일을 복사하고, 메일을 보낸 후에 복사한 파일을 삭제하는 코드입니다. 코드를 실행하면 이메일이 잘 보내진 것을 확인할 수 있습니다.

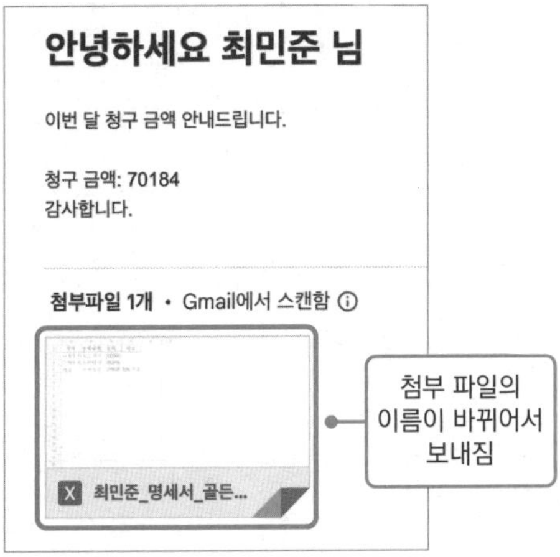

정말 쉽네?

Part 06

스프레드시트 가공해서 정기적으로 이메일 보내기

여기서 공부할 내용

이제 이메일 작성과 보내기에 대해 자신감이 생겼을 겁니다! 그렇다면 이번에는 이메일에 사용할 데이터를 가공하는 방법에 대해 알아볼 차례입니다. 예를 들어, 스프레드시트에 있는 데이터를 가져와 필요한 정보를 선별하거나 가공한 후, 이를 이메일로 작성해 발송하는 과정을 다뤄보겠습니다. 지금부터 하나씩 알아봅시다.

Chapter 12

신규 입사자 소개 이메일 정기 발송하기 위해 챗GPT로 데이터, 이메일 템플릿 준비하기

선생님, 이번에는 신규 입사자가 있을 때마다 매주 소개 메일을 보내려고 해요. 지금은 구글 슬라이드에서 장표를 만들어 그 내용을 이메일에 복사해서 붙여넣고 있는데요. 처음에는 신규 입사자가 적어서 괜찮았지만, 회사 규모가 커지면서 이 작업이 점점 번거로워요. 이런 경우는 어떻게 해결할 수 있을까요?

학생

선생님

정말 좋은 사례를 말씀해주셨네요. 회사 규모가 커지면 반복적인 작업은 자동화가 필요해요. 이 문제를 해결하려면, 앱스 스크립트를 활용해 필요한 내용을 자동으로 불러와 이메일로 보낼 수 있도록 만들 수 있습니다. 스프레드시트에서 데이터를 가져오고 이메일 템플릿과 연결하는 방법을 배워보면, 이 작업도 훨씬 수월해질 거예요. 함께 해결 방법을 고민해볼까요?

분석하기 정확히 무엇이 문제일까?

지금까지 배운 내용을 종합하면 이 문제들을 모두 해결할 수 있을 것 같지만 그래도 문제 상황을 하나씩 정리해봅시다.

분석 01 **매주 신규 입사자 소개 메일을 보내야 한다**

매주 신규 입사자 소개 메일을 골든래빗 전체 인원에게 보내야 합니다. **이것을 앱스 스크립트로 자동화하겠습니다.**

분석 02 **직접 복붙하고 있다**

메일에 필요한 데이터를 직접 복붙하고 있습니다. 하지만 손으로 일을 하다 보면 실수하기 쉽습니다. 앞에서 배운대로 스프레드시트와 구글 드라이브를 연동하여 이메일을 쓰는 방법으로 이 문제를 해결할 것입니다.

분석 03 **구글 슬라이드에서 만든 템플릿을 사용하고 있다**

구글 슬라이드에서 템플릿을 활용하고는 있지만 결국 이것도 복붙을 반복합니다. 하지만 HTML, CSS를 활용하면 구글 슬라이드를 사용할 필요가 없습니다. **HTML, CSS로 템플릿 파일을 만들어 해결해보겠습니다.**

바로 실습 23 챗GPT로 신규 입사자 데이터 만들기

01 다음과 같이 챗GPT에게 부탁하여 신규 입사자 표를 받아보세요.

> 신규 입사자 표가 필요해.
>
> - 열은 다음과 같아.
> - 이름, 부서(숫자 부서, 청과 부서로 구분), 팀(A팀, B팀, C팀으로 구분), 업무(계산 업무, 정렬 업무, 품질 업무, 인사 업무로 구분), 프로필 이미지
> - 행은 10개만 만들어.
> - 프로필 이미지 파일 이름은 golden_01.png~golden_10.png로 만들어

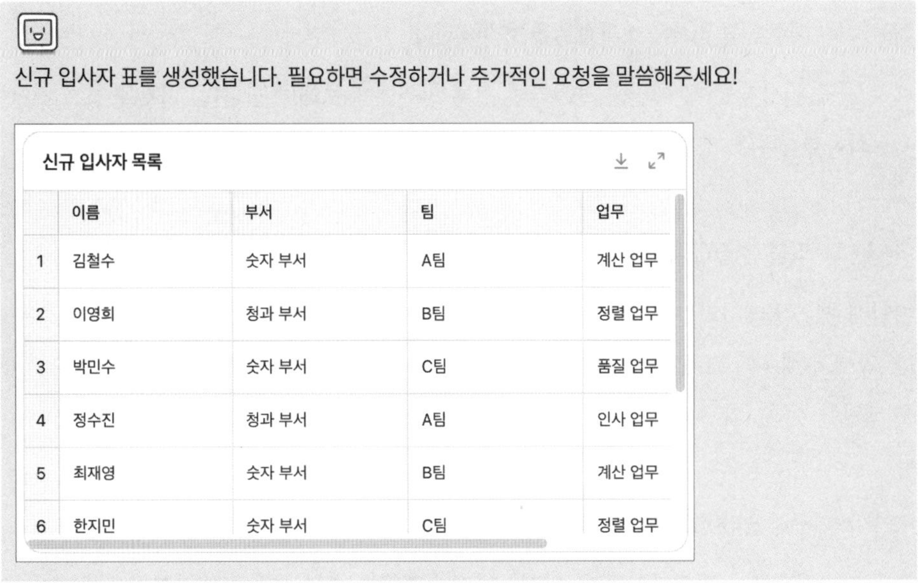

	이름	부서	팀	업무
1	김철수	숫자 부서	A팀	계산 업무
2	이영희	청과 부서	B팀	정렬 업무
3	박민수	숫자 부서	C팀	품질 업무
4	정수진	청과 부서	A팀	인사 업무
5	최재영	숫자 부서	B팀	계산 업무
6	한지민	숫자 부서	C팀	정렬 업무

02 표를 받은 다음에는 스프레드시트에 표를 복붙하여 준비하고 시트 이름도 적당히 지어주세요. 저는 '입사자명단'이라고 지었습니다.

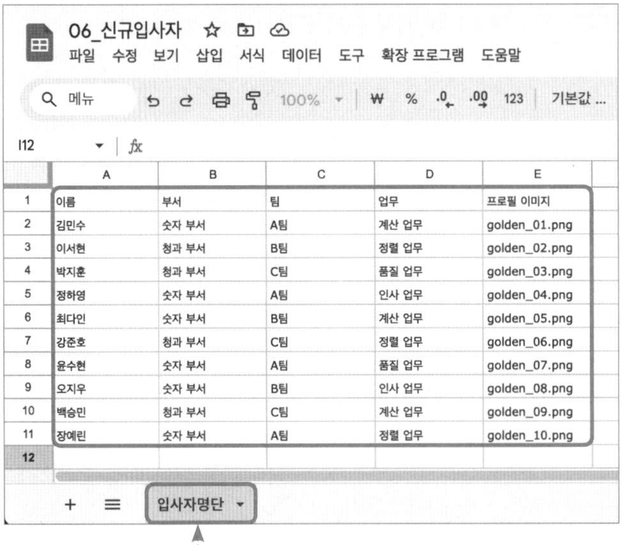

	A	B	C	D	E
1	이름	부서	팀	업무	프로필 이미지
2	김민수	숫자 부서	A팀	계산 업무	golden_01.png
3	이서현	청과 부서	B팀	정렬 업무	golden_02.png
4	박지훈	청과 부서	C팀	품질 업무	golden_03.png
5	정하영	숫자 부서	A팀	인사 업무	golden_04.png
6	최다인	숫자 부서	B팀	계산 업무	golden_05.png
7	강준호	청과 부서	C팀	정렬 업무	golden_06.png
8	윤수현	숫자 부서	A팀	품질 업무	golden_07.png
9	오지우	숫자 부서	B팀	인사 업무	golden_08.png
10	백승민	청과 부서	C팀	계산 업무	golden_09.png
11	장예린	숫자 부서	A팀	정렬 업무	golden_10.png
12					

03 프로필에 쓸 이미지를 구글 드라이브에 저장합니다. 이미지 준비가 어렵다면 bit.ly/41X5eTU에 접속하여 제가 준비한 이미지를 다운로드하고 파일 이름을 수정하세요.

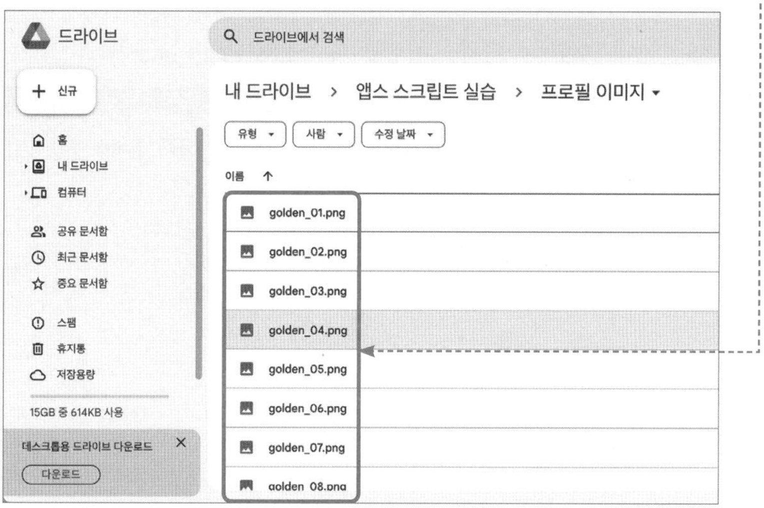

04 프로필 이미지 파일을 이메일을 수신하는 사람이 파일을 볼 수 있도록 파일이나 폴더 권한을 [링크가 있는 모든 사용자 → 뷰어]로 설정하세요.

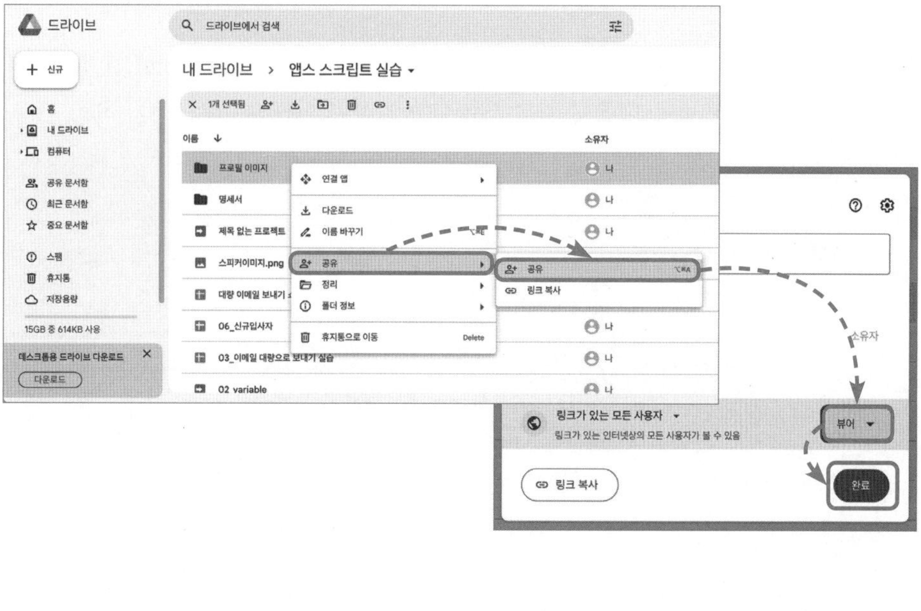

바로 실습 24 이메일 본문에 사용할 템플릿 준비하기

앞에서 본 템플릿으로 메일을 보내려면 HTML을 사용해야 합니다. 이번에는 HTML과 함께 CSS도 사용해보겠습니다. CSS는 눈에 보이는 스타일을 지정할 때 쓰는 기술입니다. 예를 들어 이미지의 크기가 너무 크면 이미지의 크기를 조절할 수 있습니다. 앞서 Part 04 이미지가 있는 이메일 보내기에서 확성기 이미지가 너무 컸는데 이번에는 이미지 크기를 10% 수준으로 줄여서 표현해보겠습니다.

01 스프레드시트의 상단 메뉴에서 [확장 프로그램]을 누른 뒤 [Apps Script]를 선택합니다. 그런 다음 왼쪽의 [파일] 탭에서 [+]를 눌러 HTML 파일을 추가합니다. 파일 이름은 template로 정합니다.

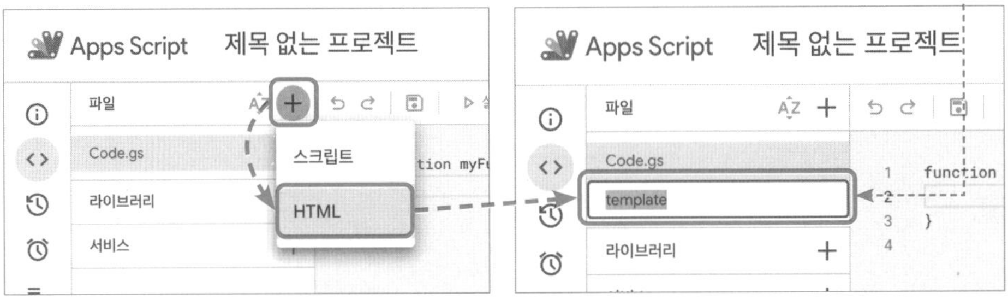

02 다음 코드를 보고 그대로 따라 입력하세요. 이번에는 스프레드시트에서 읽어온 입사자 정보를 다양하게 넣어야 해서 HTML과 앱스 스크립트의 다양한 변수를 함께 섞어 사용하기 위한 템플릿 태그를 더 사용했습니다.

```
<body>
  <img src="cid:megaphone" style="width: 10%" />
  <h1>신규 입사자를 소개합니다</h1>
  <p>
    <?= data.department ?>
  </p>
  <ul>
    <li>
      <p>
        <?= data.name ?>
        <br />
        <?= data.team ?>
        <br />
      </p>
      <img src="cid:profileImage" style="width: 90px" />
    </li>
  </ul>
</body>
```

앞서 입력한 본문이 어떤 역할을 하는지 그림으로보면 다음과 같습니다. 이전에 배운 내용을 활용하는 것이므로 금방 이해할 수 있을 것입니다.

```
<body>
  <img src="cid:megaphone" style="width: 10%" />
  <h1>신규 입사자를 소개합니다</h1>
  <p>
    <?= data.department ?>
  </p>
  <ul>
    <li>
      <p>
        <?= data.name ?>
        <br />
        <?= data.team ?>
        <br />
      </p>
      <img src="cid:profileImage" style="width: 90px" />
    </li>
  </ul>
</body>
```

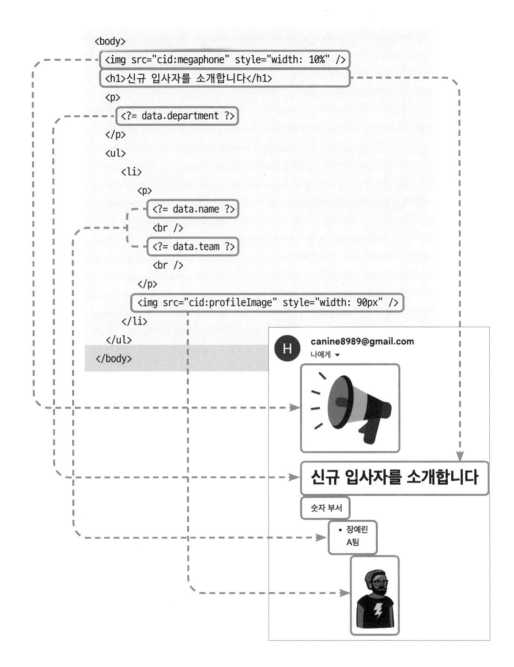

아직 실행할 수는 없지만 이메일을 보내기 위한 기초 데이터와 메일 본문을 위한 HTML 템플릿이 완성되었습니다. 그럼 앞으로 한 발 더 나아가봅시다.

Chapter 13

스프레드시트와 이메일 연결하고 이미지 추가한 다음 메일 발송하기

선생님, 이번에는 스프레드시트 데이터를 가져오는데, 특정 범위를 지정하지 않고 자동으로 마지막 데이터까지 가져오고 싶어요. 어떻게 하면 될까요?

학생

선생님

좋은 질문이에요! 앱스 스크립트에서 마지막 데이터 위치를 자동으로 감지하려면 getLastRow( )와 같은 메서드를 사용하면 됩니다. 이 방법을 사용하면 전체 데이터를 한꺼번에 가져올 수 있어요. 한번 코드를 작성하며 실습해볼까요?

바로 실습 25 시트의 데이터 한 번에 가져오기

다음 코드는 스프레드시트에서 특정 영역을 지정하여 데이터를 가져왔던 코드입니다. 코드를 보면 getRange( )의 범위를 'A2:E4'와 같이 지정해서 데이터를 가져오게 되어 있습니다. 하지만 데이터가 계속 추가된다면 어떻게 될까요?

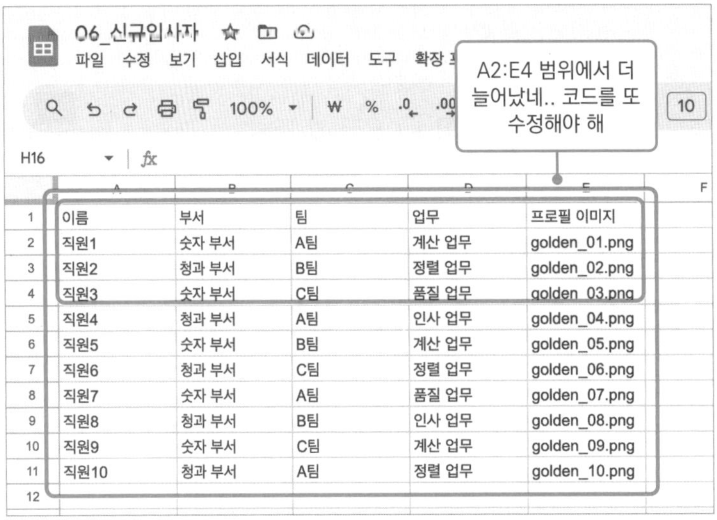

	A	B	C	D	E
1	이름	부서	팀	업무	프로필 이미지
2	직원1	숫자 부서	A팀	계산 업무	golden_01.png
3	직원2	청과 부서	B팀	정렬 업무	golden_02.png
4	직원3	숫자 부서	C팀	품질 업무	golden_03.png
5	직원4	청과 부서	A팀	인사 업무	golden_04.png
6	직원5	숫자 부서	B팀	계산 업무	golden_05.png
7	직원6	청과 부서	C팀	정렬 업무	golden_06.png
8	직원7	숫자 부서	A팀	품질 업무	golden_07.png
9	직원8	청과 부서	B팀	인사 업무	golden_08.png
10	직원9	숫자 부서	C팀	계산 업무	golden_09.png
11	직원10	청과 부서	A팀	정렬 업무	golden_10.png
12					

이렇게 데이터를 추가할 때마다 코드를 수정하는 건 매우 번거로운 일이겠죠! 그러지 않기 위해서 어떤 작업을 해야 하는지 실습을 통해 알아보겠습니다.

```
function makeEmailContents() {
  const spreadSheet = SpreadsheetApp.getActiveSpreadsheet();
  const list = spreadSheet.getSheetByName("list");
  const listData = list.getRange('A2:E4 → A2:E11').getValues();
}
```

데이터를 추가할 때마다 코드를 수정하긴 번거로움!

01 시트 안에 마지막 행 번호를 알아내려면 getLastRow( ) 함수를 사용하면 됩니다. 이 함수는 특정 시트에서 가장 마지막에 입력한 데이터의 행 번호를 알아냅니다.

바로 자동화 코드 bit.ly/4aPzUZO

```
function makeEmailContents() {
  let sheet = SpreadsheetApp.getActiveSpreadsheet().getActiveSheet();
  let lastRow = sheet.getLastRow();
  console.log(lastRow);
};
```

실행 결과

```
11
```

❶ getLastRow() 함수로 시트에 마지막에 입력한 행 번호를 계산하여 11을 출력합니다.

앱스 스크립트를 실행하면 11이란 결과가 나옵니다. 데이터가 11행까지 입력되어 있기 때문에 11을 반환했습니다.

02 2번행부터 lastRow까지 데이터를 확인하면 전체 데이터를 앱스 스크립트 안으로 가져올 수 있습니다. 이제 반복문을 활용해서 데이터를 모두 꺼내면 됩니다. 이렇게 스프레드시트의 데이터를 dataObject에 담아 반환하는 makeEmailContents() 함수의 기초를 만들었습니다.

바로 자동화 코드 bit.ly/4aPzUZO

```
function makeEmailContents() {
  let sheet = SpreadsheetApp.getActiveSpreadsheet().getActiveSheet();
  let lastRow = sheet.getLastRow(); // ❶ 마지막 행 위치를 계산

  // ❷ 계산한 마지막 행 위치를 이용하여 데이터 가져오기
  let values = sheet.getRange(2, 1, lastRow - 1, 5).getValues();

  // ❸ 데이터를 배열에 { name, department, team, task, profileImageName 구성으로 담기 }
  let dataObjects = [];
  for (let i = 0; i < values.length; i++) {
    let row = values[i];
    let dataObject = {
```

```
        name: row[0],
        department: row[1],
        team: row[2],
        task: row[3],
        profileImageName: row[4],
      };
      dataObjects.push(dataObject);
    }
    return dataObjects;
  }
```

❶ 행 마지막 위치를 getLastRow() 함수로 계산하여 lastRow 변수에 담습니다.

❷ 계산한 마지막 행 위치를 이용하여 데이터 범위를 지정하고 값을 가져옵니다.

❸ 반복문을 이용하여 특정 데이터 구성으로 값을 담아 배열로 처리하여 반환합니다.

03 함수가 반환한 값을 확인하고 싶으면 맨 아랫줄 함수를 호출해보면 됩니다.

TIP 실행 결과의 name, team, department의 순서는 무작위로 보일 수 있습니다.

바로 자동화 코드 bit.ly/4aPzUZO

```
...생략...
    }
    return dataObjects;
  }


Logger.log(makeEmailContents());
```

실행 결과

```
[
  {name=직원1, task=계산 업무, profileImageName=golden_01.png, team=A팀, department=
  숫자 부서},
  {department=청과 부서, team=B팀, name=직원2, task=정렬 업무,
```

```
  profileImageName=golden_02.png},
  {profileImageName=golden_03.png, name=직원3, team=C팀, task=품질 업무, department=
  숫자 부서},
...생략...
  {profileImageName=golden_10.png, name=직원10, task=정렬 업무, team=A팀,
  department=청과 부서}
]
```

이제 이메일을 쓰기 위한 HTML 파일과 스프레드시트의 데이터를 읽을 수 있는 기초를 마련했습니다. 여기에 메가폰 이미지와 실제 프로필 이미지를 추가하기 위한 작업만 하면 끝입니다!

바로 실습 26 메가폰 이미지 추가하기

01 이메일 발송을 위한 sendEmails( ) 함수를 새로 작성하여 메가폰 이미지를 가져오는 코드를 작성합니다. 메가폰 이미지는 신규 입사자 공통으로 들어가는 것이므로 makeEmailContents( ) 함수에서 불러오거나 할 필요가 없습니다. 이메일 보내기 역할을 할 sendEmails( ) 함수에서 한 번만 불러오면 됩니다.

TIP 메가폰 이미지 : bit.ly/40EiZFO

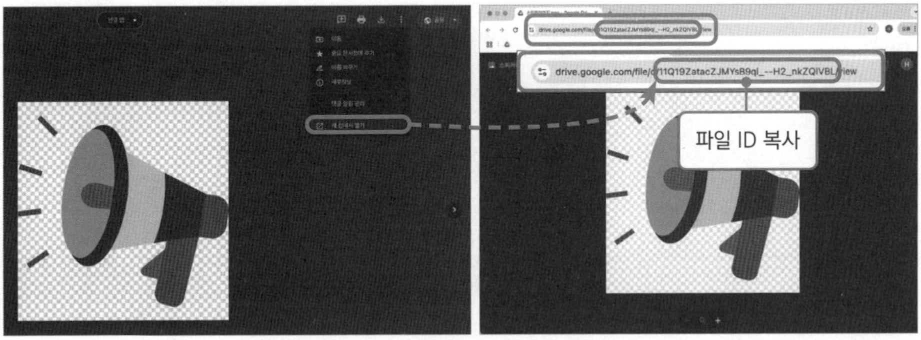

바로 자동화 코드 bit.ly/4aPzUZO

```
function makeEmailContents() {
  ...생략...

function sendEmails() {
  const megaphoneimg = DriveApp.getFileById("11Q19Zatac****nkZQIVBL");
}
```

우선 이렇게 코드를 작성해놓고, 프로필 이미지를 추가하기 위한 추가 작업을 마치기 위해 다시 makeEmailContents( ) 함수를 수정하겠습니다.

바로 실습 27 프로필 이미지 추가하기

01 이제 프로필 사진만 추가하면 됩니다. 구글 드라이브 특정 폴더에 접근한 다음 폴더에 있는 모든 파일을 읽어서 프로필 이미지를 추가합니다. 이때 getFolderById( )에는 여러분이 준비한 프로필 이미지가 있는 폴더의 ID를 입력하세요.

TIP 프로필 이미지 : bit.ly/4jkLrE9

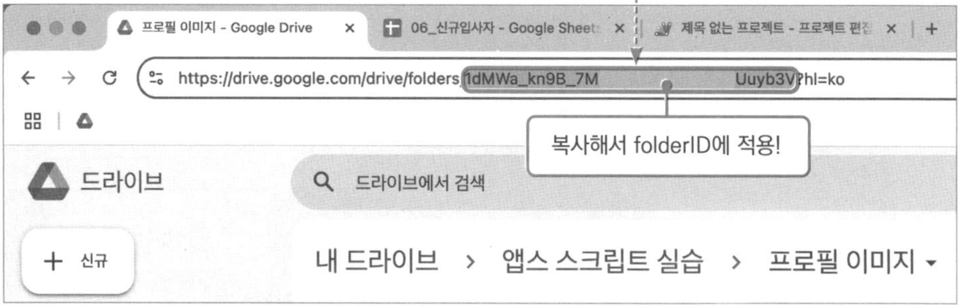

바로 자동화 코드 bit.ly/4aPzUZO

```
function makeEmailContents() {
  let sheet = SpreadsheetApp.getActiveSpreadsheet().getActiveSheet();
  let lastRow = sheet.getLastRow();
```

```
  let values = sheet.getRange(2, 1, lastRow - 1, 5).getValues();
  let dataObjects = [];

  // ❶ DriveApp에서 프로필 이미지가 저장된 폴더를 가져옴
  let folder = DriveApp.getFolderById("1dMWa_kn9B_7Mx3****Uuyb3V");
  let files = folder.getFiles();
...생략...
  return dataObjects;
}
```

❶ 프로필 이미지가 있는 폴더에서 프로필 이미지를 모두 가져옵니다.

02 이제 폴더에서 이미지들을 모두 찾아와 fileMap 변수에 맵 자료구조로 담아보겠습니다. 맵 자료구조는 중복 없이 사전식으로 데이터를 보관할 수 있는 자료구조입니다. 여러분이 스프레드시트에 프로필 이미지로 파일 이름을 기록했을 때 이것으로 실제 파일을 찾아 이메일에 담기 위한 자료구조입니다.

TIP 파일 이름은 정규화를 하여 파일 이름에 공백이나 영어, 한글이 있을 때 오류가 없도록 처리합니다.

바로 자동화 코드 bit.ly/4aPzUZO

```
function makeEmailContents() {
...생략...
  let folder = DriveApp.getFolderById("1dMWa_kn9B_7Mx3****Uuyb3V");
  let files = folder.getFiles();

  // ❶ 파일 이름을 키로 하고 파일 객체를 값으로 하는 Map 생성
  // 파일 이름은 정규화 → 인코딩 처리를 하여 오류를 줄임
  let fileMap = new Map();
  while (files.hasNext()) {
     let file = files.next();
     let originFileName = file.getName();
     let normalizedFileName = originFileName.replace(/\s/g, '').normalize('NFC');
     let encodeFileName = Utilities.base64Encode(normalizedFileName, Utilities.
Charset.UTF_8);
```

```
    fileMap.set(encodeFileName, file);
  }
...생략...
  return dataObjects;
}
```

❶ 파일 이름과 파일을 매치한 맵이라는 자료구조를 이용하여 앱스 스크립트 코드 내에 저장합니다. 이렇게 하면 중복 없이 사전식으로 **파일 이름 - 파일** 짝 형태로 데이터를 저장할 수 있고, 나중에 파일 이름으로 파일을 찾을 수 있습니다.

03 dataObjects에 있는 파일 이름으로 fileMap에 같은 이름의 파일이 있는지 확인하고, 파일 이름이 있으면 파일을 dataObjects에 추가하면 됩니다.

바로 자동화 코드 bit.ly/4aPzUZO

```
...생략...
  for (var i = 0; i < values.length; i++) {
    let row = values[i];
    let profileImageFile = null;   ← 여기부터 코드를 수정하세요.
    let normalizedFileName = row[4].replace(/\s/g, '').normalize('NFC');
    let encodeFileName = Utilities.base64Encode(normalizedFileName, Utilities.
    Charset.UTF_8);

    // ❶ fileMap에 스프레드시트에 적은 파일 이름이 있는지 검사
    try {
      if (fileMap.has(encodeFileName)) {
        // 파일이 있는지 확인하여 있으면 profileImageFile 변수에 담기
        profileImageFile = fileMap.get(encodeFileName);
      } else {
        // 없으면 오류 메시지 출력
        Logger.log("프로필 이미지 파일을 찾을 수 없습니다: " + row[4]);
      }
    } catch (error) {
      Logger.log("프로필 이미지를 가져오는 중 오류 발생: " + row[4] + " - 오류 메시
```

```
        지: " + error.message);
    }


    let dataObject = {
        name: row[0],
        department: row[1],
        team: row[2],
        task: row[3],
        profileImageName: row[4],
        profileImageFile: profileImageFile, // ❷ ❶에서 담은 파일을 여기에서 추가
        megaphoneImage: megaphoneimg
    };
    dataObjects.push(dataObject);
  }
  return dataObjects;
}
```

dataObject에서는 여기만 수정하세요.

❶ 스프레드시트의 '프로필 이미지' 열에 적힌 파일 이름 row[4]를 이용해서 fileMap 자료 구조에 해당 파일이 있는지 찾아봅니다. 만약 파일이 있으면 profileImageFile 변수에 파일을 담고, 만약 파일이 fileMap에 없으면 오류 메시지를 출력하고 이미지를 null로 처리합니다.

❷ dataObject에 파일을 추가합니다. 파일을 찾지 못했으면 null로 처리합니다.

바로 실습 28 이메일 발송하기

이제 모든 내용이 준비되었습니다. template.html 파일을 읽어서 필요한 데이터를 넘겨주고 메일을 발송하면 됩니다.

01 sendEmails( ) 함수를 다음과 같이 완성합니다.

바로 자동화 코드 bit.ly/4aPzUZO

```
function sendEmails() {
  // ❶ 데이터 객체를 가져옴
  let dataObjects = makeEmailContents();

  // ❷ HTML 템플릿 파일 사용
  let htmlTemplate = HtmlService.createTemplateFromFile("template");
  const megaphoneimg = DriveApp.getFileById("11Q19Zata*****ZQIVBL");

  // ❸ ❶에서 얻은 데이터 길이만큼 반복하며 이메일 발송
  for (let i = 0; i < dataObjects.length; i++) {
    const dataObject = dataObjects[i];
    htmlTemplate.data = dataObject;
    const htmlBody = htmlTemplate.evaluate().getContent();
    MailApp.sendEmail({
      to: "myemail@gmail.com",
      subject: "신규 입사자 소개합니다",
      htmlBody,
      inlineImages: {
        megaphone: megaphoneimg,
        profileImage: dataObject.profileImageFile
      }
    })
  }
}
```

❶ makeEmailContents( ) 함수를 호출하면 스프레드시트와 추가 데이터를 이용하여 이메일을 작성하기 위한 데이터를 만들어냅니다.

❷ 앱스 스크립트 프로젝트 내에 있는 template.html을 읽어옵니다.

❸에서는 ❶에서 얻은 데이터 길이만큼 이메일을 발송해야 신규 입사자 각각의 소개 메일을 보낼 수 있습니다. 그림을 참고하여 이해하기 바랍니다.

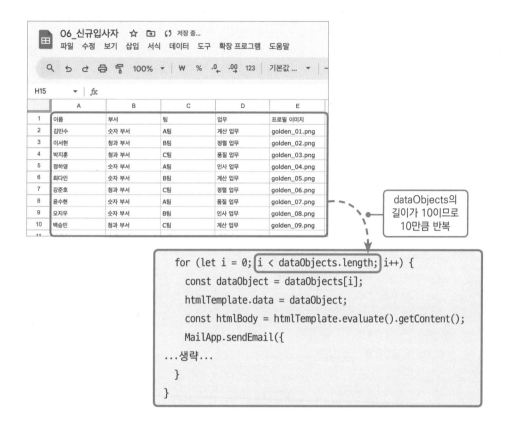

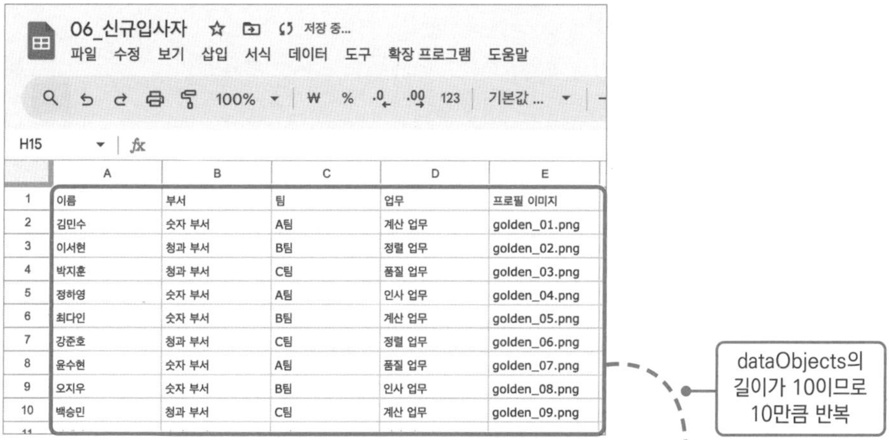

	A	B	C	D	E
1	이름	부서	팀	업무	프로필 이미지
2	김민수	숫자 부서	A팀	계산 업무	golden_01.png
3	이서현	청과 부서	B팀	정렬 업무	golden_02.png
4	박지훈	청과 부서	C팀	품질 업무	golden_03.png
5	정하영	숫자 부서	A팀	인사 업무	golden_04.png
6	최다인	숫자 부서	B팀	계산 업무	golden_05.png
7	강준호	청과 부서	C팀	정렬 업무	golden_06.png
8	윤수현	숫자 부서	A팀	품질 업무	golden_07.png
9	오지우	숫자 부서	B팀	인사 업무	golden_08.png
10	백승민	청과 부서	C팀	계산 업무	golden_09.png

```
  for (let i = 0; i < dataObjects.length; i++) {
    const dataObject = dataObjects[i];
    htmlTemplate.data = dataObject;
    const htmlBody = htmlTemplate.evaluate().getContent();
    MailApp.sendEmail({
...생략...
  }
}
```

02 sendEmail( ) 함수 내에서 MailApp.sendEmail(...)에 있는 to 값을 수정하면 원하는 사람에게 신규 입사자 소개 메일을 보낼 수 있습니다.

바로 자동화 코드 bit.ly/4aPzUZO

```
...생략...
    MailApp.sendEmail({
      to: "myemail@gmail.com",
      subject: "신규 입사자 소개합니다",
      htmlBody,
      inlineImages: {
        megaphone: megaphoneimg,
        profileImage: dataObject.profileImageFile
```

```
        }
      })
...생략...
```

03 앱스 스크립트 프로젝트에서 sendEmail( ) 함수를 실행해보세요.

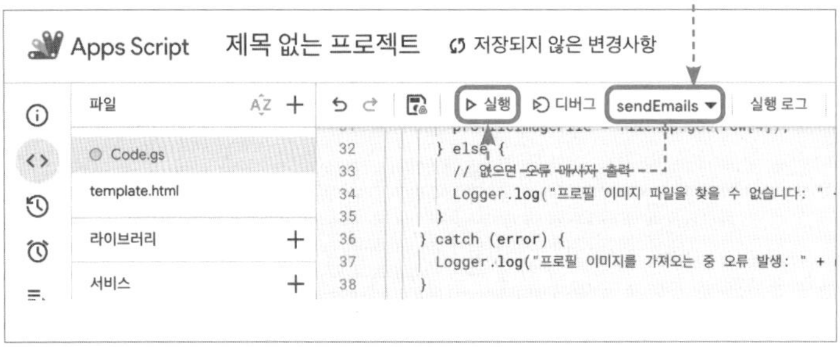

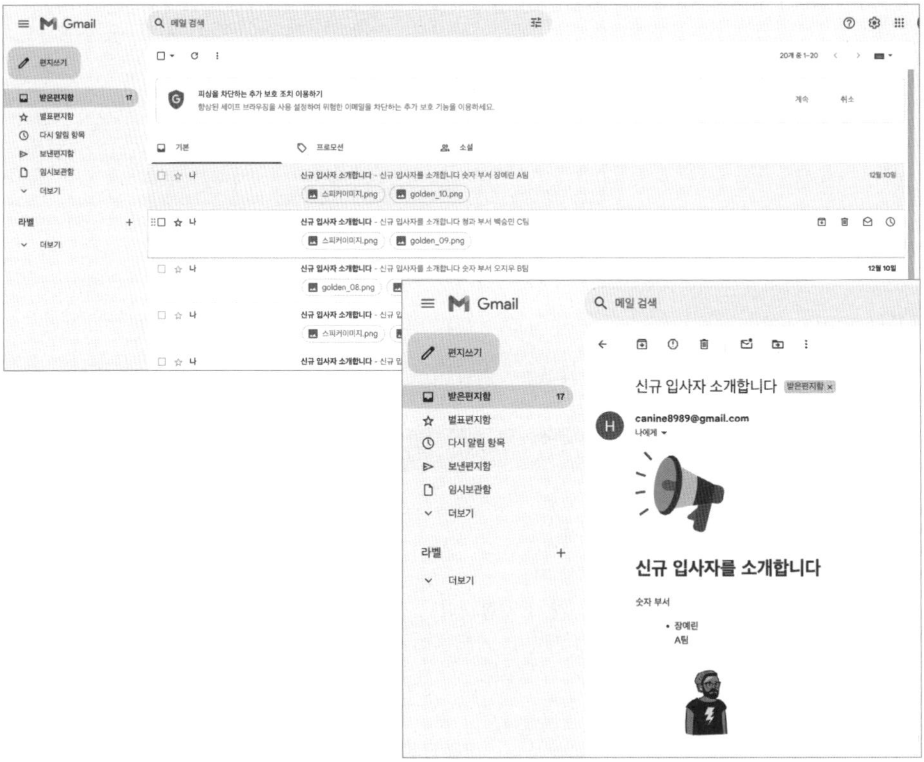

Chapter 14

챗GPT로 신규 입사자 이메일 꾸며서 보내기

선생님, 지금까지 작성한 이메일을 더 꾸며서 보내고 싶어요. 챗GPT를 활용해서 수정하면 더 효율적일 것 같은데, 어떻게 시작하면 좋을까요?

학생

선생님

훌륭한 생각이에요! 이미 작성한 코드를 기반으로 스타일 개선을 챗GPT에게 요청하면 더 다채로운 이메일을 보낼 수 있겠죠. 챗GPT와 함께 코드를 수정하며 시작해볼까요?

바로 실습 29 챗GPT로 신규 입사자 데이터 만들기

01 챗GPT에게 이렇게 부탁하여 적절한 인삿말을 넣고, HTML 템플릿을 수정해서 메일 내용을 좀 더 보기 좋게 정리하겠습니다.

이런 앱스 스크립트 코드가 있는데, 이 코드를 개선해서 스프레드시트에 [나만의 메뉴]를 만들고 메뉴 안에 [메일 보내기]라는 버튼을 추가해서 연결해줘.

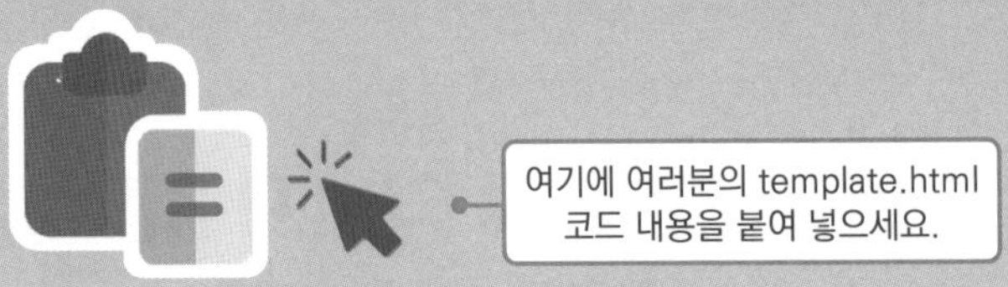
여기에 여러분의 template.html
코드 내용을 붙여 넣으세요.

아래는 요청하신 HTML 템플릿을 수정한 결과입니다. 인삿말을 추가하고, 스타일을 개선하여 더 보기 좋게 구성했습니다.

```
<body style="font-family: Arial, sans-serif; line-height: 1.6; background-
color:
<div style="background-color: #ffffff; border-radius: 10px; padding: 20px;
box-shadow: 0 4px 8px rgba(0, 0, 0, 0.1);">
   <img src="cid:megaphone" style="width: 10%; display: block; margin: 0
   auto;" alt="Megaphone" />
   <h1 style="text-align: center; color: #2c3e50;">신규 입사자를 소개합니다
   </h1>

   <p style="text-align: center; font-size: 1.2em; margin-top: 10px; margin-
   bottom: 20px;">
     <?= data.department ?> 부서에 새로운 팀원이 합류했습니다!
   </p>
...생략...
       </li>
     </ul>
   </div>
</body>
```

챗GPT가 만들어준 코드는 매번 다르므로 여러분의 결괏값을 입력하세요.

기본 내용은 그대로 두고 챗GPT가 이메일을 더 보기 좋게 만들어주었습니다. HTML의 스타일을 조정하는 코드는 CSS인데 이런 내용은 여러분이 공부해서 적용하기가 어렵습니다. 그럴 때 챗GPT의 도움을 받으면 편리하겠죠?

02 메일을 보내보면 결과가 다르게 보일 것입니다. 이렇게 핵심 코드만 준비하고 나머지 꾸미기 작업은 챗GPT에게 맡기면 편하게 작업할 수 있습니다. 만약 구체적인 디자인 안을 원한다면 '파란색 테마로~'나 '정렬을 왼쪽으로~'라는 단서 조항을 붙여서 디자인을 받아보세요.

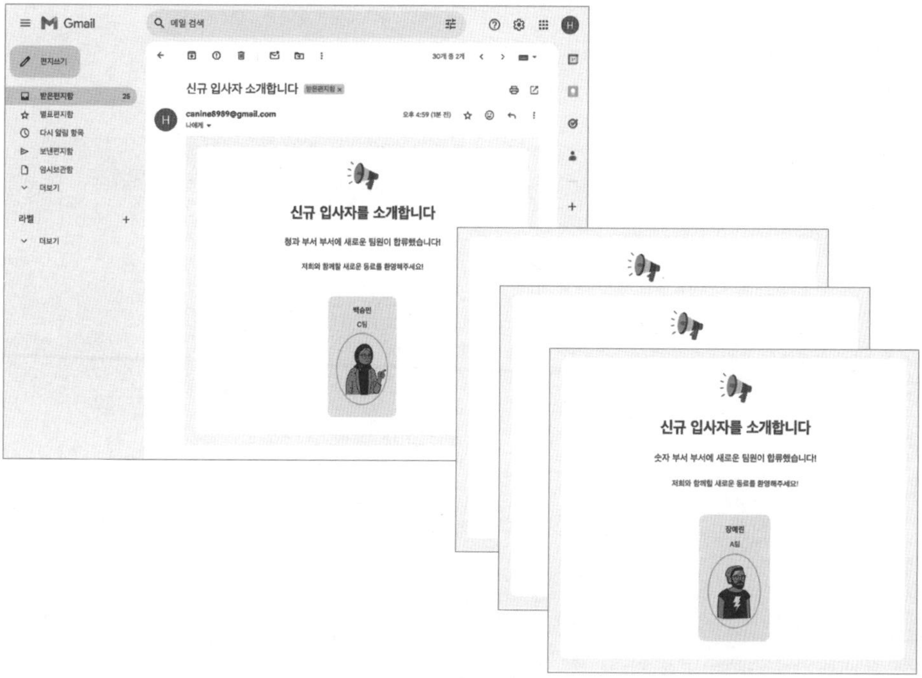

정말 쉽네?

Part 07

구글폼 설문지 알림봇 만들기

여기서 공부할 내용

여기서는 구글 스프레드시트와 앱스 스크립트를 활용해 설문 데이터를 처리하고, 원하는 형태로 정리한 뒤 자동으로 메시지를 전송하는 알림봇을 만들어봅니다. 구글폼을 쓸 때 설문지를 매번 검사하느라 귀찮았다면 이 내용이 크게 도움이 될 것입니다!

Chapter 15

알림봇 만들기 준비하고 구글폼 알림봇 만들기

선생님, 골든래빗이 이번 달부터 고객 문의를 구글 설문지로 받고 있는데요, 구글 설문지가 별도로 알람을 주지 않아서 문의 확인이 늦어지는 일이 많대요. 지금은 구글 드라이브에 들어가 새 문의를 직접 확인하고 있지만, 매번 접속하는 게 번거롭다고 해요. 새로운 설문이 작성되면 사내 메신저로 바로 알림을 받을 수 있는 방법이 있을까요?

학생

선생님

정말 좋은 문제 제기네요! 매번 수동으로 확인하는 건 비효율적이죠. 이 문제는 구글 앱스 스크립트를 사용해 자동화할 수 있어요. 설문 응답이 새로 추가될 때 트리거를 설정해 사내 메신저로 알림을 보내는 시스템을 만들면 됩니다. 사내 메신저로 슬랙(Slack)이나 구글 채팅(Google Chat)을 사용 중이라면 연동도 가능하답니다.

분석하기 정확히 무엇이 문제일까?

이번에도 문제는 명확합니다. 구글폼 설문 결과를 매번 구글 드라이브에 들어가 확인하고 있습니다. 이렇게 되면 매번 들어가는 것도 귀찮지만 설문 결과가 없을 때도 들어가게 되어 업무 효율이 매우 떨어집니다.

분석 01 매번 구글 드라이브에 들어가 설문 결과를 확인한다

고객 문의가 있는지 확인하기 위해 구글 드라이브에 직접, 자주 접속하고 있습니다. 이 문제는 **구글 앱스 스크립트로 알림을 발송하여 문제를 해결할 것입니다.**

TIP 이 책에서는 슬랙이라는 서비스에 알림을 발송하도록 하겠습니다.

구글폼은 폼으로 받은 설문 결과를 스프레드시트와 연결하여 쌓을 수 있습니다. 구글폼을 만든 후 설문 항목을 적절히 입력한 다음 '스프레드시트와 연결' 옵션을 클릭하여 파일을 준비합시다.

바로 실습 30 구글폼에 기본 항목 입력하고 스프레드시트와 연결하기

01 저는 구글폼 설문에 다음 항목을 입력하도록 했습니다.

- 이름 – 단답형으로 설정
- 이메일 – 단답형으로 설정
- 회사 이름 – 단답형으로 설정
- 문의사항 – 장문형으로 설정

02 ❶ 구글폼 설문 양식을 작성한 다음에는 ❷ [응답] 탭을 누르고 ❸ [Sheets에 연결]을 눌러 스프레드시트와 연결해줍니다. 이렇게 해야 ❹ 설문이 작성되었을 때 스프레드시트에 데이터가 쌓이게 됩니다.

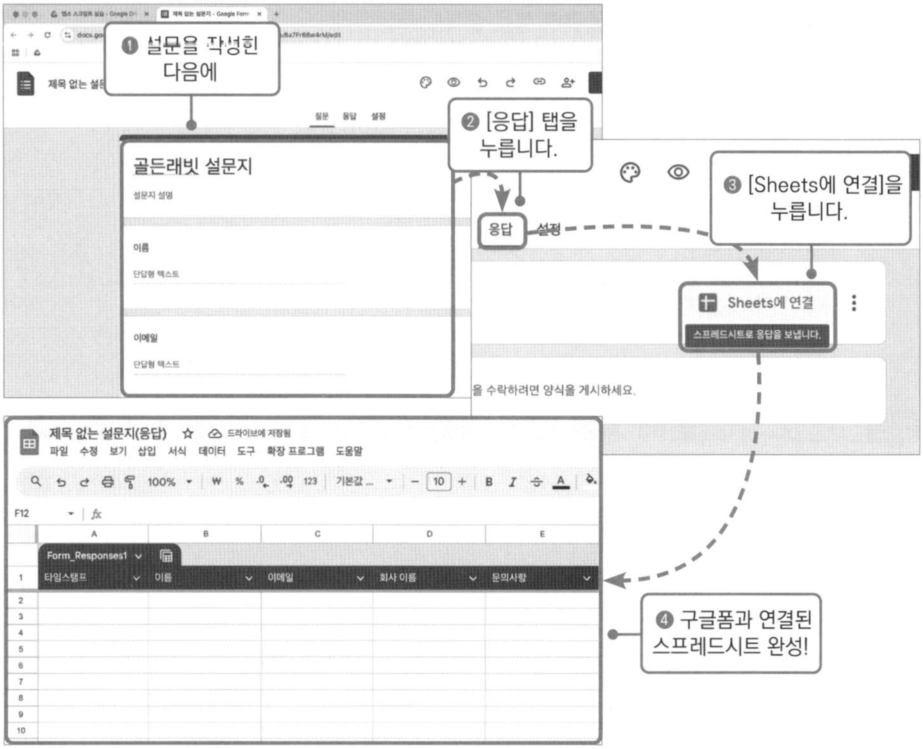

바로 실습 31 슬랙 워크스페이스 준비하기

슬랙은 채널 기반의 메시지 플랫폼으로 워크스페이스라는 개념으로 협업하는 사람과 각종 도구와 서비스를 연결하는 장소를 제공합니다. 이 책은 구글폼으로 새로운 문의 사항이 들어오면 슬랙으로 알림을 보내는 실습을 진행하므로 슬랙에 가입하지 않았다면 슬랙 가입 후 다음 실습을 진행하기 바랍니다.

01 slack.com/get-started#/createnew에 접속하여 [Continue With Google] 버튼을 누르고 구글 계정으로 슬랙 워크스페이스를 만듭니다.

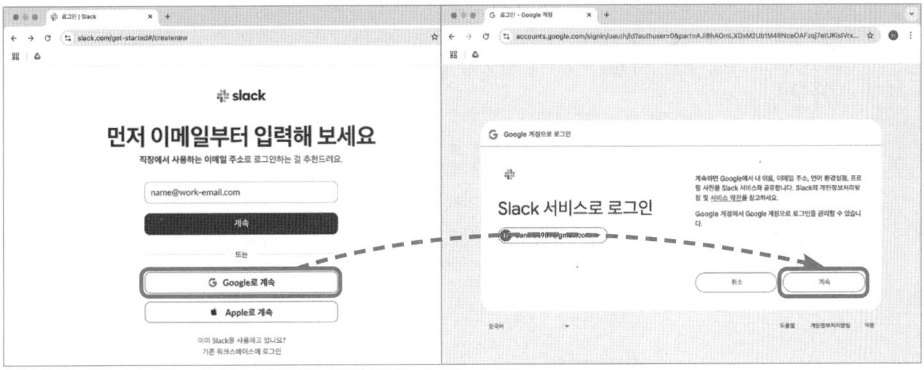

02 워크스페이스를 생성하는 화면에서 필수 사항을 체크한 뒤 [Create a Workspace] 버튼을 클릭합니다.

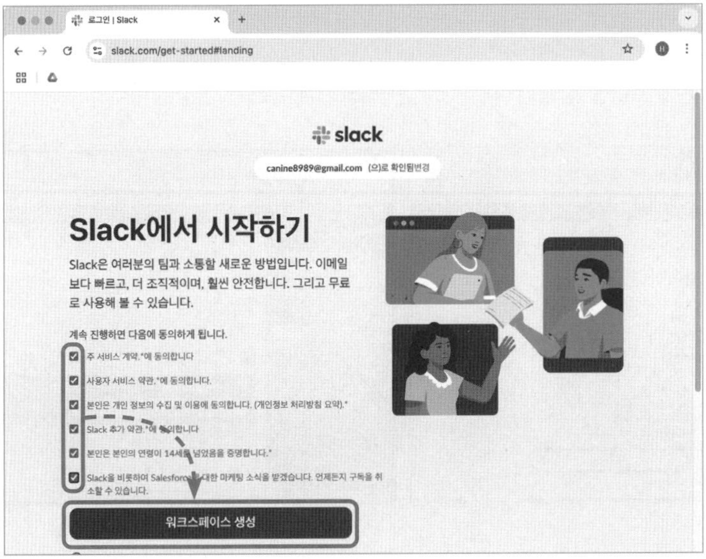

03 워크스페이스 생성 시 주요 입력 항목만 소개하겠습니다. ❶ 워크스페이스의 이름이 될 팀이나 회사 이름을 적는 화면에서 적절한 값을 입력하고 ❷ 이름을 입력한 뒤 ❸ 슬랙 알림 봇 팀원 추가는 [건너 뛰기]를 눌러 넘어갑니다.

04 마지막으로 플랜은 [무료]를 선택합니다. 그러면 워크스페이스가 생성됩니다.

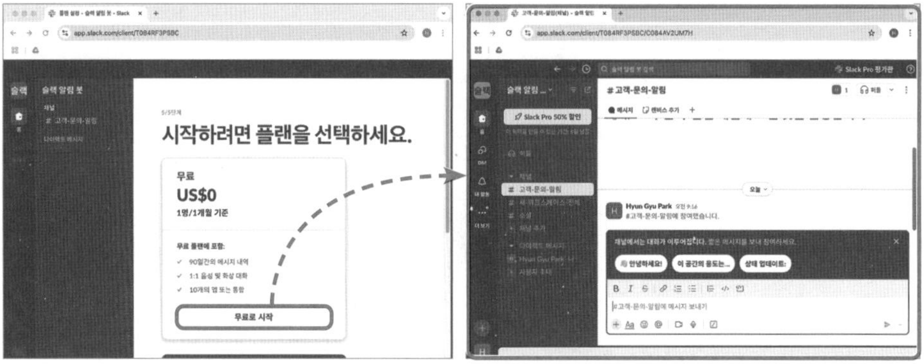

바로 실습 32 워크스페이스에 웹훅 생성하기

워크스페이스의 특정 채널에 앱스 스크립트로 메시지를 보내려면 웹훅Webhook이라는 것을 생성해야 합니다. 웹훅이란 어떤 동작을 보강하는 방법입니다. 웹훅은 전구를 소켓에 끼우는 것에 비유

할 수 있습니다. 예를 들어 소켓 규격에 맞는 전구를 사면 여러 전구를 써볼 수 있습니다. 웹훅이 이 '소켓'에 해당합니다. 웹훅을 이용하면 구글 스프레드시트와 슬랙 워크스페이스를 연결할 수 있습니다. 그러면 웹훅을 생성해보겠습니다. 다만 웹훅을 생성하기 위해서는 슬랙에 앱을 우선 만들어야 합니다. 순서대로 실습을 진행해보겠습니다.

01 api.slack.com/apps에 접속한 다음 ❶ [Create an App] 버튼을 클릭하여 새 앱을 만듭니다. ❷ 모달이 나타나면 [From scratch]를 클릭하고, ❸ 앱 이름과 ❹ 워크스페이스를 선택한 다음 ❺ [Create App]을 누르면 앱을 생성할 수 있습니다.

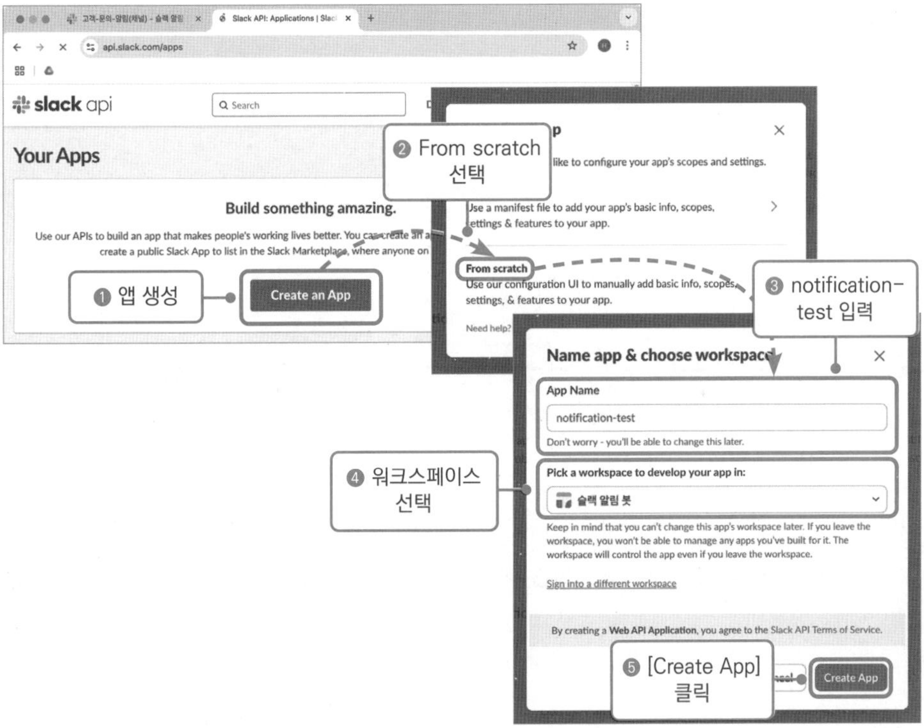
api.slack.com/apps
slack api
Your Apps
Build something amazing.
Use our APIs to build an app that makes people's working lives better.
❶ 앱 생성
Create an App
❷ From scratch 선택
From scratch
Use our configuration UI to manually add basic info, scopes, settings, & features to your app.
❸ notification-test 입력
Name app & choose workspace
App Name
notification-test
Don't worry - you'll be able to change this later.
❹ 워크스페이스 선택
Pick a workspace to develop your app in:
슬랙 알림 봇
Keep in mind that you can't change this app's workspace later. If you leave the workspace, you won't be able to manage any apps you've built for it. The workspace will control the app even if you leave the workspace.
Sign into a different workspace
By creating a Web API Application, you agree to the Slack API Terms of Service.
❺ [Create App] 클릭
Create App

02 앱 생성 후에는 다음 화면이 나타납니다. 여기에서 슬랙 알림 봇 워크스페이스에 있는 고객-문의-알림 채널에 메시지를 보낼 수 있도록 웹훅을 바로 추가하겠습니다. 왼쪽 메뉴에서 [Incoming Webhooks]를 누릅니다.

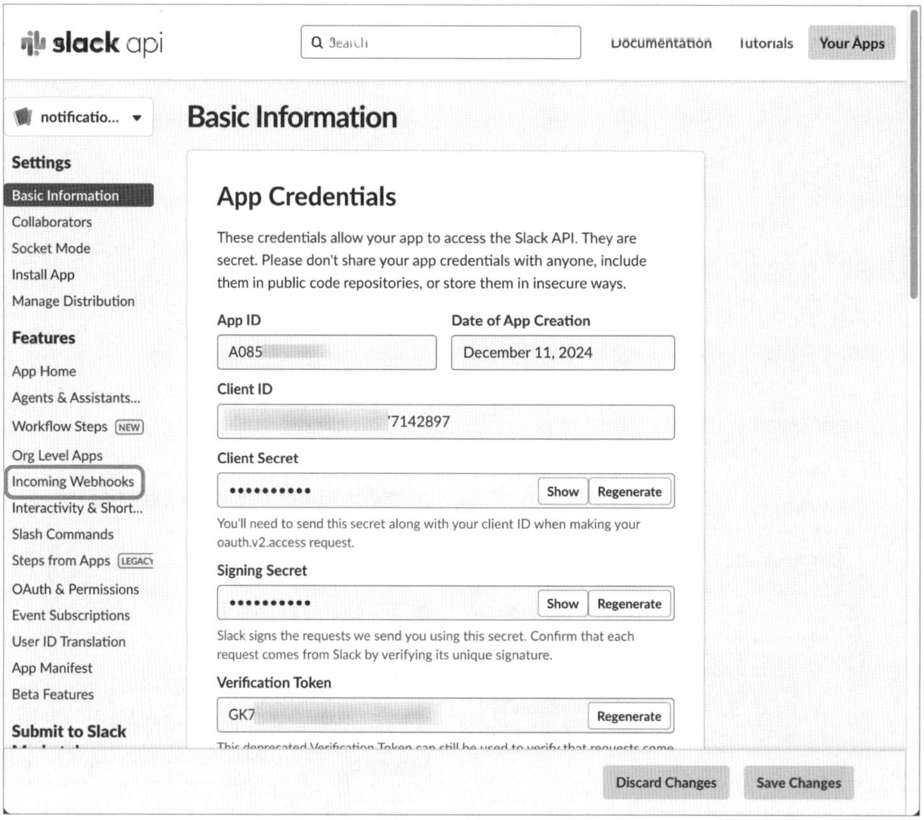

03 [Off] 스위치를 클릭해서 [On]으로 활성화합니다. 그러면 아래쪽에 메뉴가 더 나타납니다. 스크롤바를 아래로 이동해서 [Add New Webhook to Workspace] 버튼을 클릭합니다.

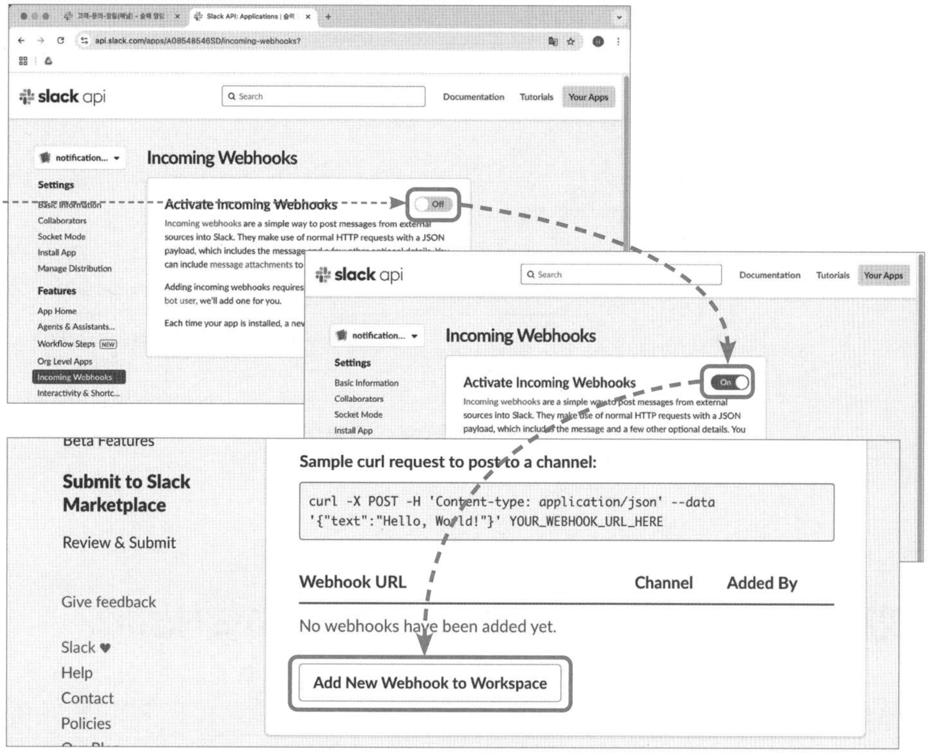

04 그러면 웹훅을 통해 어느 채널에 메시지를 보낼지 선택하는 화면이 나타납니다. 채널을 선택하고 [허용] 버튼을 클릭합니다.

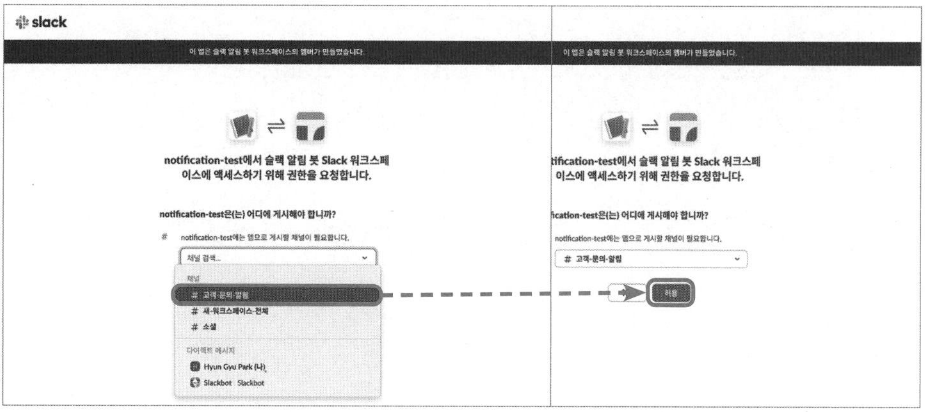

05 웹훅을 생성한 후 나타나는 화면에서 스크롤바를 아래로 내리면 채널에 메시지를 보낼 수 있는 열쇠인 웹훅이 보입니다. 여기서 우리가 사용할 것은 Webhook URL입니다. [Copy] 버튼을 클릭해서 URL을 복사합니다.

TIP 혹시 Webhook URL을 복사하지 않고 닫았다면 api.slack.com/apps에서 앱을 선택한 다음 Incoming Webhooks 메뉴로 진입하면 Webhook URL 값을 다시 볼 수 있습니다.

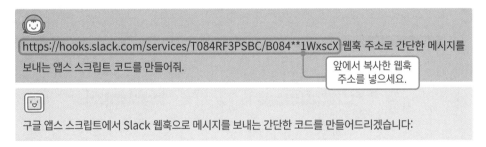

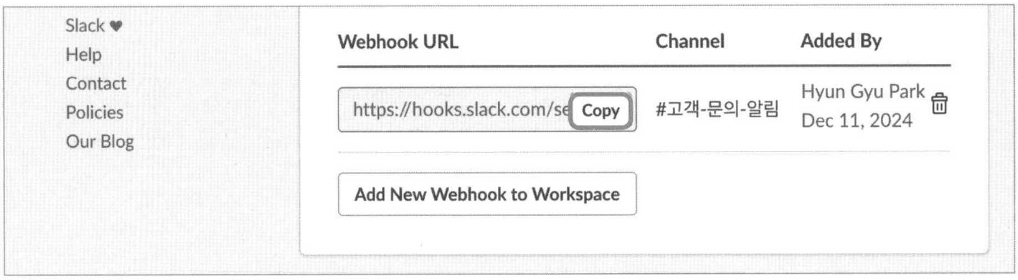

바로 실습 33 챗GPT로 간단한 웹훅 메시지 보내기 코드 작성하기

웹훅을 만들었으므로 이것을 이용해 슬랙의 특정 채널에 메시지를 보낼 수 있습니다. 감이 잘 오지 않을 수 있으므로 간단한 메시지를 보내면서 웹훅으로 메시지를 보내는 것이 무엇인지 알아보겠습니다.

01 웹훅 URL을 챗GPT에게 이야기하면서 이렇게 부탁을 하여 간단한 코드를 받아보겠습니다.

https://hooks.slack.com/services/T084RF3PSBC/B084**1WxscX 웹훅 주소로 간단한 메시지를 보내는 앱스 스크립트 코드를 만들어줘.

앞에서 복사한 웹훅 주소를 넣으세요.

구글 앱스 스크립트에서 Slack 웹훅으로 메시지를 보내는 간단한 코드를 만들어드리겠습니다:

```
function sendSlackMessage() {color:
  // Slack 웹훅 URL
  var webhookUrl = "https://hooks.slack.com/services/T084RF3PSBC/
  B084**1WxscX";

  // 보낼 메시지 내용
  var message = { // ❶
    "text": "안녕하세요! 앱스 스크립트에서 보낸 테스트 메시지입니다."
  };

  // POST 요청 옵션 설정
  var options = { // ❷
    "method": "post",
    "contentType": "application/json",
    "payload": JSON.stringify(message)
};

  // 웹훅으로 POST 요청 보내기
  try {
    UrlFetchApp.fetch(webhookUrl, options); // ❸
    Logger.log("메시지 전송 성공!");
  } catch(e) {
    Logger.
  }
}
```

❶ message 변수를 보면 { text : “메시지” } 형태로 데이터가 담겨 있습니다.

❷ 이 값을 options 변수의 “payload”에 매치합니다. “method”나 “contentType” 값은 기계적으로 코드에서와 같은 값으로 입력하세요.

❸ 마지막으로 UrlFetchApp.fetch(webhookUrl, options)와 같이 코드를 실행해야 채널에 메시지를 보낼 수 있습니다.

02 코드를 스프레드시트 상에서 만든 앱스 스크립트 프로젝트에 붙여넣고 실행해봅시다.

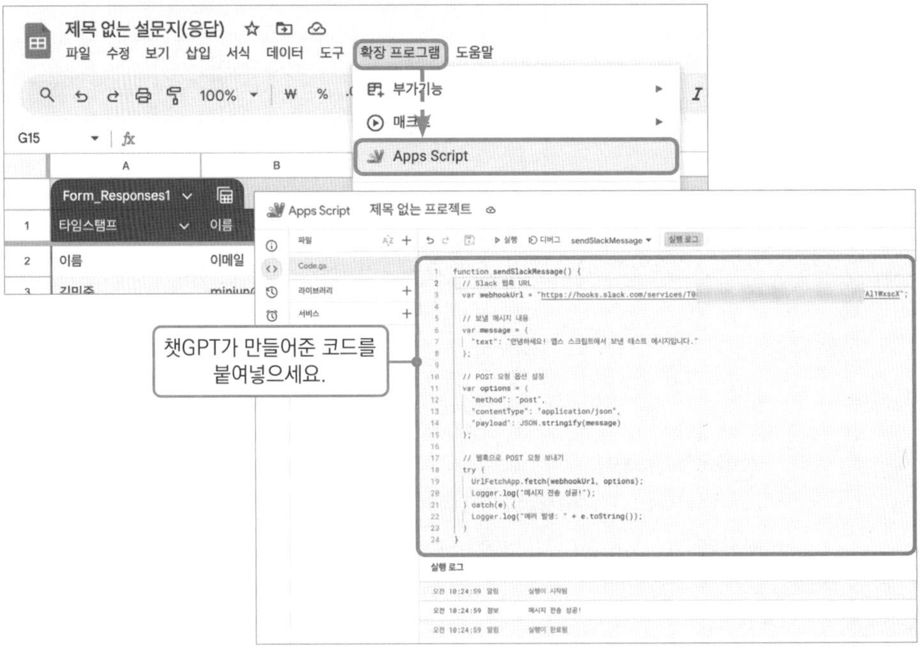

03 그러면 슬랙 채널에 메시지가 온 것을 볼 수 있습니다. 이 기본 틀을 이용하여 알림 메시지를 주기적으로 보내는 봇을 완성하면 됩니다.

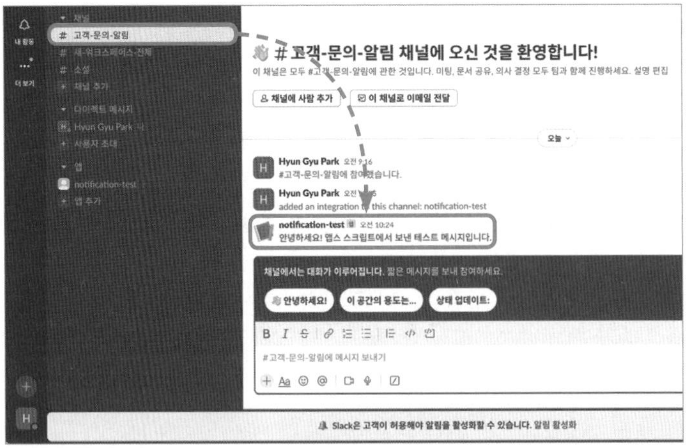

간단한 슬랙 메시지를 보낼 수 있게 되었습니다. 이제 고객 문의 내용을 포함하여 설문 내용이 추가될 때마다 알림봇이 동작하도록 코드를 작성하고 실행해보겠습니다.

바로 실습 34 구글폼 1건이 추가되면 알림봇 동작하게 만들기

우선은 구글폼에서 설문이 1건 추가되면 알림봇이 동작하게 해봅시다. 가장 먼저 해볼 내용은 앱스 스크립트 코드 상으로 구글폼 설문 항목의 입력 내용을 가져오는 것입니다.

01 다음과 같이 코드를 입력합니다. 앞에서 챗GPT가 만들어준 코드 위에 함수를 입력하면 됩니다.

바로 자동화 코드 bit.ly/42kSkz4

```
function getFormData(event) { // ❶ event를 통해 폼 입력 항목을 가져옴
  // ❷ event.namedValues로 설문 항목값을 가져옴
  const name = event.namedValues["이름"];
  const email = event.namedValues["이메일"];
  const company = event.namedValues["회사 이름"];
  const description = event.namedValues["문의사항"];
  console.log({ name, email, company, description });
}
...생략...
```

❶ event라는 매개변수를 추가하면 구글폼에서 설문이 완료되는 등의 이벤트가 발생할 때마다 설문 항목값을 받거나 할 수 있습니다.

❷ event.namedValues["이름"]과 같이 입력하여 설문 항목의 값을 받아올 수 있습니다.

02 event로 어떤 이벤트를 받기 위해서는 이벤트가 있어야 하겠죠. '트리거 이벤트'를 하나 추가합시다. 트리거란 일종의 방아쇠 같은 것입니다. 여기서는 '구글폼을 제출했을 때'를 트리거로 설정하겠습니다. 왼쪽에 보이는 버튼 중 ⏰ 모양의 버튼을 클릭한 다음 [+트리거 추가]를 누릅니다.

TIP 저녁 9시가 되면 뉴스가 찾아오는 것처럼 시간을 기반한 트리거 설정도 가능합니다.

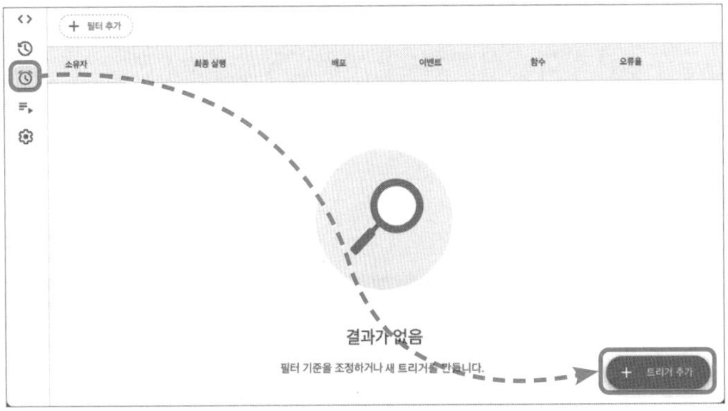

03 그러면 트리거 설정 모달이 열립니다. 화면을 따라 트리거를 추가합니다. ❶ 이때 트리거 이벤트를 보내기 위한 함수를 설정하기 위해 '실행할 함수 선택'을 앞에서 작성한 함수로 설정했는지 확인하기 바랍니다. ❷ 나머지 값은 기본값으로 두고 ❸ **이벤트 유형 선택을 '양식 제출 시'로 설정해야 구글폼 입력을 완료한 행위를 트리거 이벤트로 지정할 수 있습니다.**

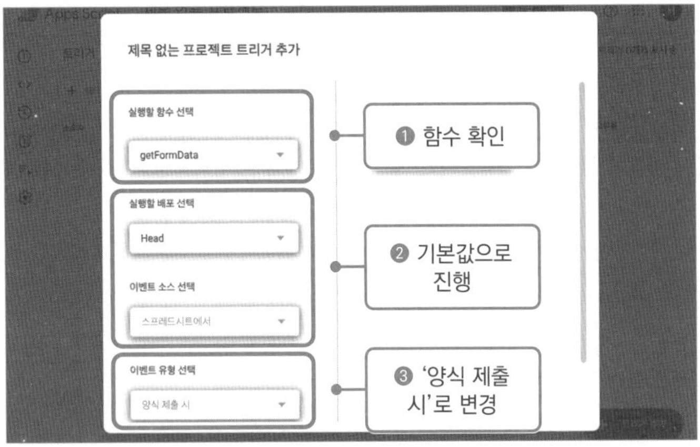

04 설정을 마치면 트리거 화면에 설정이 보입니다. 트리거 설정을 마쳤으므로 트리거 동작이 잘 되는지 테스트해보겠습니다.

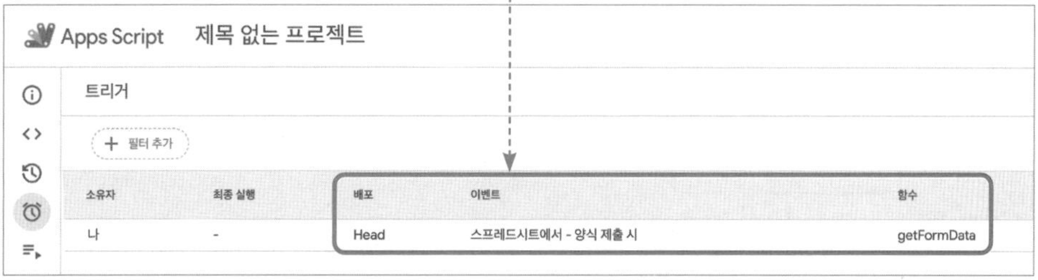

05 앞에서 작성한 getFormData( ) 함수는 트리거 이벤트 속에 있는 구글폼 설문 항목값을 가져와 콘솔에 출력하는 역할을 했습니다. 그렇다면 구글폼 설문지 보내기를 완료하면 콘솔에 그 값들이 출력되어야 할 것입니다. 다음과 같이 구글폼 설문지를 작성하여 [제출]을 눌러봅니다.

06 응답 결과를 제출한 다음 getFormData( ) 함수가 트리거에 의해 실행되었는지 로그로 확인해보려면 ≡▸ 버튼을 눌러 실행 화면을 보면 됩니다.

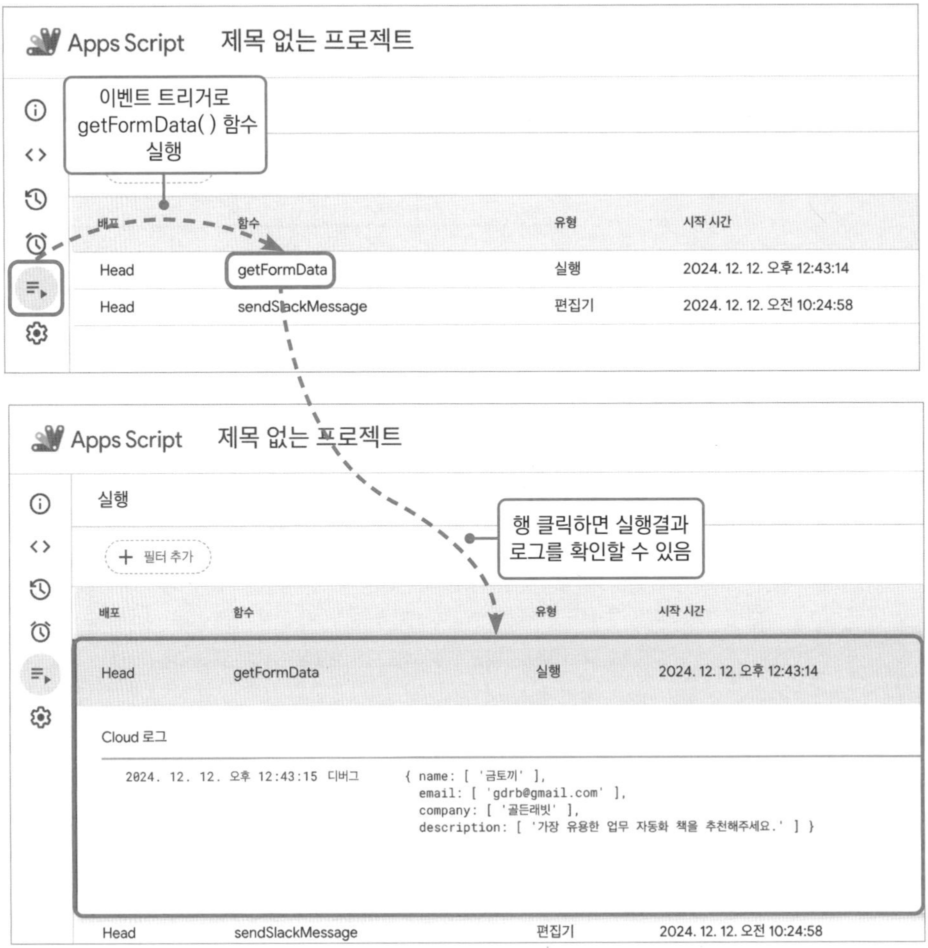

결과를 보면 함수에 console.log( )로 작성했던 로그로 변수 name, email, company, description에 저장한 값을 출력한 것을 확인할 수 있습니다.

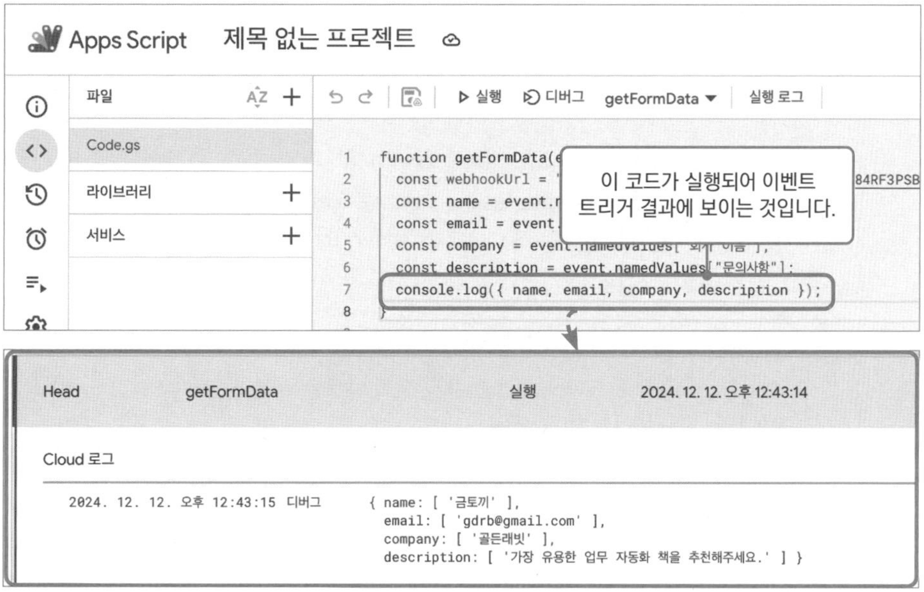

이제 트리거로 함수를 실행할 수 있고, 구글폼에 입력한 값을 앱스 스크립트에서 활용할 수 있습니다. 이것을 바탕으로 슬랙에 알림 메시지를 보내봅시다.

바로 실습 35 슬랙에 문의 추가 알림 메시지 보내기

01 이제 앞에서 배운 내용을 모두 종합하여 메시지만 보내도록 코드를 수정하면 됩니다. 지금까지 작성한 코드를 조금만 수정하면 메시지를 보낼 수 있습니다.

바로 자동화 코드 bit.ly/42kSkz4

```
// 이벤트 트리거 '제출'을 누르면 동작할 함수
function getFormData(event) {
  const name = event.namedValues["이름"];
  const email = event.namedValues["이메일"];
  const company = event.namedValues["회사 이름"];
  const description = event.namedValues["문의사항"];
```

```
    // ❶ 트리거를 눌렀을 때 sendSlackMessage( ) 함수를 실행해서 슬랙에 메시지를 전송
    sendSlackMessage(name, email, company, description);
}

// ❷ 슬랙에 메시지를 보낼 함수의 매개변수 추가
function sendSlackMessage(name, email, company, description) {
    var webhookUrl = "https://hooks.slack.com/services/T084R**/**xscX";

    // ❸ 보낼 메시지 수정
    var message = {
        "text": `새로운 문의가 도착했습니다. 문의 내용은 다음과 같습니다.
        문의자 : ${name}
        이메일 : ${email}
        회사 이름 : ${company}
        문의사항 : ${description} `
    };

    var options = {
        "method": "post",
        "contentType": "application/json",
        "payload": JSON.stringify(message)
    };

    // 메시지 보내기
    try {
        UrlFetchApp.fetch(webhookUrl, options);
        Logger.log("메시지 전송 성공!");
    } catch (e) {
        Logger.log("에러 발생: " + e.toString());
    }
}
```

❶ 트리거를 눌렀을 때 getFormData( ) 함수가 실행되므로 여기서 슬랙 메시지를 보내도록 sendSlackMessage( ) 함수를 실행하면 됩니다. 이때 트리거 동작 시 event.namedValues를 이용하여 구글폼의 입력값을 받아 sendSlackMessage( )로 전달합니

다. 그림으로 동작 과정을 보면 다음과 같습니다.

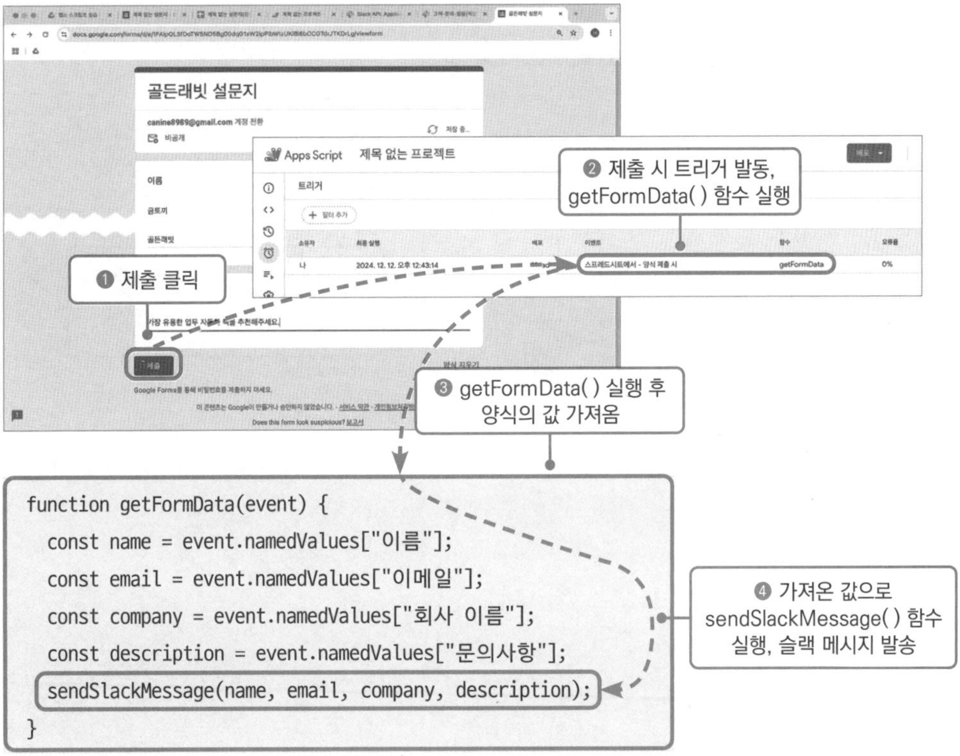

❷ 매개변수에 name, email, company, description을 담아 sendSlackMessage( ) 함수를 실행합니다.

❸ 보낼 메시지에 받은 값을 넣어 슬랙에 메시지를 전송하도록 문자열을 다듬었습니다.

02 코드를 저장한 후 구글폼을 다시 제출해보세요. 그러면 앱스 스크립트 코드에 작성한 message 변수에 있던 슬랙 메시지가 보입니다.

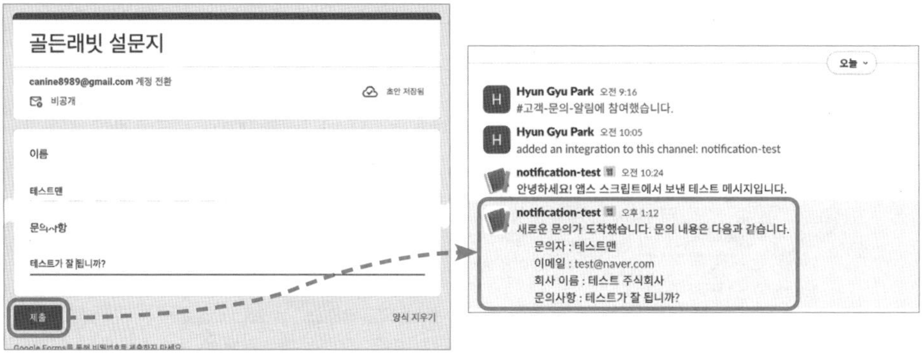

골든래빗 설문지
canine8989@gmail.com 계정 전환
비공개
초안 저장됨
이름
테스트맨
문의사항
테스트가 잘 됩니까?
제출
양식 지우기
오늘
Hyun Gyu Park 오전 9:16
#고객-문의-알림에 참여했습니다.
Hyun Gyu Park 오전 10:05
added an integration to this channel: notification-test
notification-test 앱 오전 10:24
안녕하세요! 앱스 스크립트에서 보낸 테스트 메시지입니다.
notification-test 앱 오후 1:12
새로운 문의가 도착했습니다. 문의 내용은 다음과 같습니다.
문의자 : 테스트맨
이메일 : test@naver.com
회사 이름 : 테스트 주식회사
문의사항 : 테스트가 잘 됩니까?

구글폼에 새로운 응답이 있을 때마다 알림을 받을 수 있어, 제출된 내용을 놓치지 않고 확인할 수 있습니다.

Chapter 16

챗GPT로 슬랙 메시지를 아름답게 바꿔 보내보기

선생님, 슬랙 알림을 좀 더 깔끔하고 보기 좋게 꾸밀 수 있을까요? 지금은 텍스트만 보내고 있는데, 더 나은 방법이 있을 것 같아요.

학생

선생님

맞아요! 슬랙은 추가 정보를 활용해 메시지를 카드 형태로 꾸미거나 강조점을 더 줄 수 있어요. 버튼, 링크, 색상 등 다양한 요소를 추가할 수 있습니다. 기존 코드에 이러한 기능을 적용해보면서 메시지를 개선해볼까요?

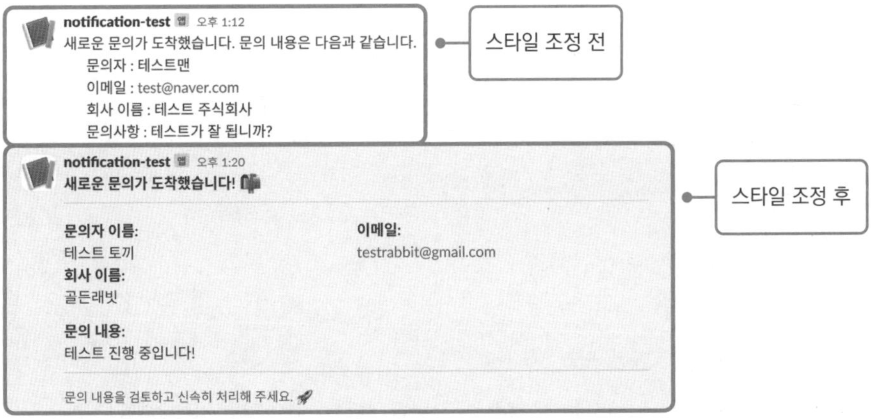

스타일을 조정하니 제대로 된 알림처럼 보이고, 보기가 좋으니 메시지를 읽을 때 집중도도 올라갑니다.

바로 실습 36 챗GPT로 슬랙 메시지 꾸미기

01 챗GPT에게 우리가 작성한 코드를 전달하면서 메시지를 예쁘게 꾸며달라고 부탁해봅시다.

이 코드를 바탕으로 슬랙에 메시지를 보낼 때 메시지의 디자인을 아름답게 꾸며줘.

여기에 여러분의 코드
내용을 붙여넣으세요.

슬랙 메시지 디자인을 개선하려면 블록 키트(Block Kit)를 사용하면 됩니다. 블록 키트를 활용하면 메시지에 다양한 레이아웃과 스타일을 추가할 수 있습니다. 다음은 개선된 코드입니다.

```
function getFormData(event) {
...생략...
}

function sendSlackMessage(name, email, company, description) {
...생략...
  var message = {
    "blocks": [
      {
        "type": "section",
        "text": {
          "type": "mrkdwn",
          "text": "*새로운 문의가 도착했습니다!* :mailbox_with_mail:"
        }
      },
```

```
        {
          "type": "divider"
        },
...생략...
  };
...생략...
}
```

02 결과를 보면 챗GPT가 message 변수의 값에 "blocks" 값을 아주 많이 추가하여 주었습니다. 이 코드를 그대로 복붙하여 원래 코드와 교체한 다음, 구글폼을 다시 제출해봅시다. 그러면 변형된 디자인의 슬랙 메시지가 도착해 있을 것입니다.

정말 쉽네?

Part 08

구글 캘린더 알림봇 만들기

여기서 공부할 내용

팀원들과 공유 캘린더를 사용해도, 바쁘게 업무를 하다 보면 놓치기 마련입니다. 이번 장에서는 구글 캘린더의 일정을 자동으로 확인하고 슬랙으로 알려주는 봇을 만들어봅니다. 매일 아침 팀의 일정을 한눈에 확인할 수 있어 업무 효율이 크게 높아질 거예요!

Chapter 17

알림봇 만들기 준비하고 캘린더 알림봇 만들기

선생님, 요즘 구글 캘린더로 일정을 많이 공유하는데, 일정이 많다 보니 아침마다 캘린더를 확인하는 것도 귀찮게 느껴져요. 슬랙봇으로 일정 알림을 받을 수 있다면 더 편할 것 같은데, 가능할까요?

학생

선생님

아주 좋은 아이디어네요! Part 07 구글폼 설문지 알림봇 만들기 를 응용하면 가능합니다. 앱스 스크립트를 사용해 구글 캘린더에서 오늘의 일정을 가져와 슬랙봇으로 알림을 보내도록 설정하면 돼요. 같이 만들어 볼까요?

분석하기 정확히 무엇이 문제일까?

캘린더로 일정을 확인하는 과정을 살펴보면 무엇이 문제이고, 어떻게 해결할지 보입니다. 살펴봅시다.

분석 01 슬랙을 주 메신저로 쓰고 있지만, 일정은 구글 캘린더로 확인한다

업무에 슬랙 메신저를 활용하고 있습니다만, 일정은 구글 캘린더로 관리하고 있습니다. 화면을 왔

다갔다하면서 확인하는 것도 일이죠. 다행히 구글 캘린더의 일정은 앱스 스크립트로 읽어낼 수 있습니다. **그렇다면 슬랙 웹훅을 이용하여 알림 메시지를 보내주면 되겠네요.**

분석 02 매일 아침 09시에 일정을 확인한다

매일 아침 09시에 일정을 확인한다라는 규칙으로 일하고 있나요? 그렇지만 사람은 망각의 동물! 가끔 내가 해야 할 일을 까먹을 수 있습니다. **하지만 트리거를 통해 매일 아침 09시에 슬랙 메신저로 일정을 보내주는 봇이 있다면 까먹는 일이 줄겠죠.**

바로 실습 37 캘린더 준비하기

실습을 위해 일정을 등록할 캘린더를 만들어봅시다. 구글 캘린더로 이동해서 새로운 캘린더를 만들어보겠습니다.

01 calendar.google.com/calendar에 접속하여 구글 캘린더로 이동한 다음 오른쪽 위에 있는 버튼을 누르고 [설정]을 누릅니다.

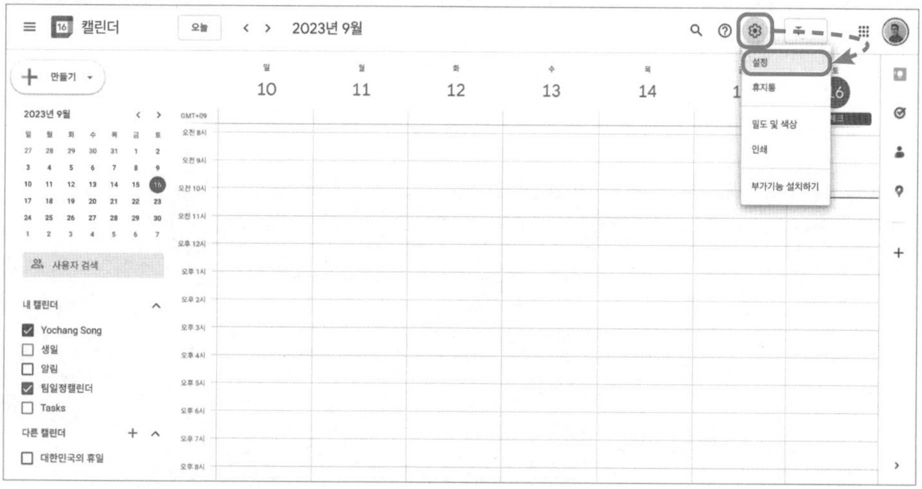

02 설정 페이지 좌측의 캘린더 추가를 클릭해서 아코디언 메뉴를 펼친 뒤 [새 캘린더 만들기]를 선택합니다. 이름을 입력하고 [캘린더 만들기] 버튼을 클릭합니다. 이름은 여러분이 입력하고 싶은대로 입력하세요.

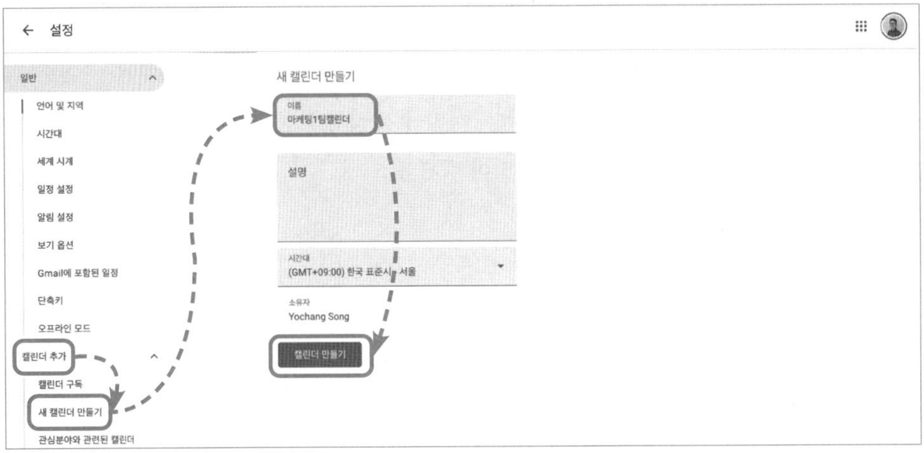

03 캘린더가 생성되면 왼쪽에 보이는 '내 캘린더의 설정'에 새 캘린더가 나타납니다. 캘린더를 클릭한 다음 오른쪽 설정 화면에서 '캘린더 통합'에 있는 캘린더 ID를 복사하여 따로 보관해 둡니다.

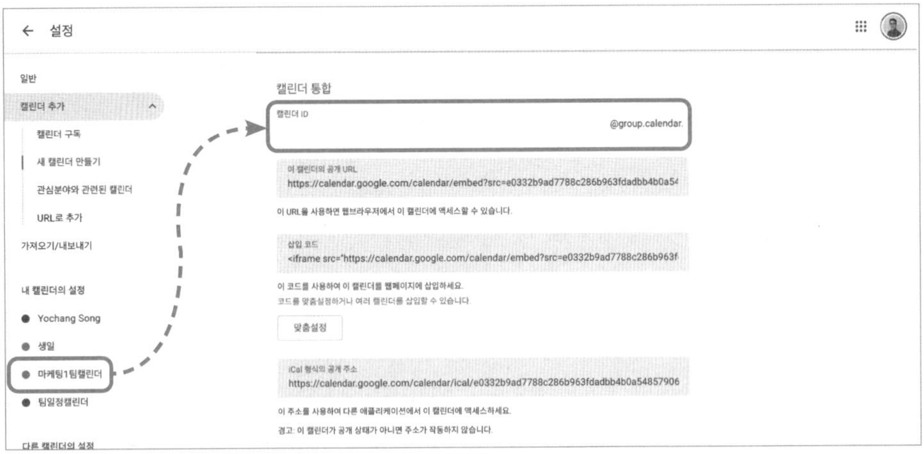

바로 실습 38 캘린더 일정 가져오기

이제 캘린더 일정을 앱스 스크립트 내로 가져와보겠습니다. 실습에 필요한 값은 다음과 같습니다. 이 과정은 앞에서 설명했으므로 따로 실습으로 진행하지 않습니다.

- Part 07 구글폼 설문지 알림봇 만들기 를 참고하여 슬랙 웹훅 1개 더 준비
- 캘린더 ID 준비
- 캘린더에 오늘 날짜로 일정 1개 이상 등록하기

01 이번에는 스프레드시트에서 앱스 스크립트 프로젝트를 만들지 않고 구글 드라이브에서 만들겠습니다. 구글 드라이브에서 [신규 → 더보기 → Google Apps Script]를 클릭하여 독립형 앱스 스크립트 프로젝트를 만듭니다.

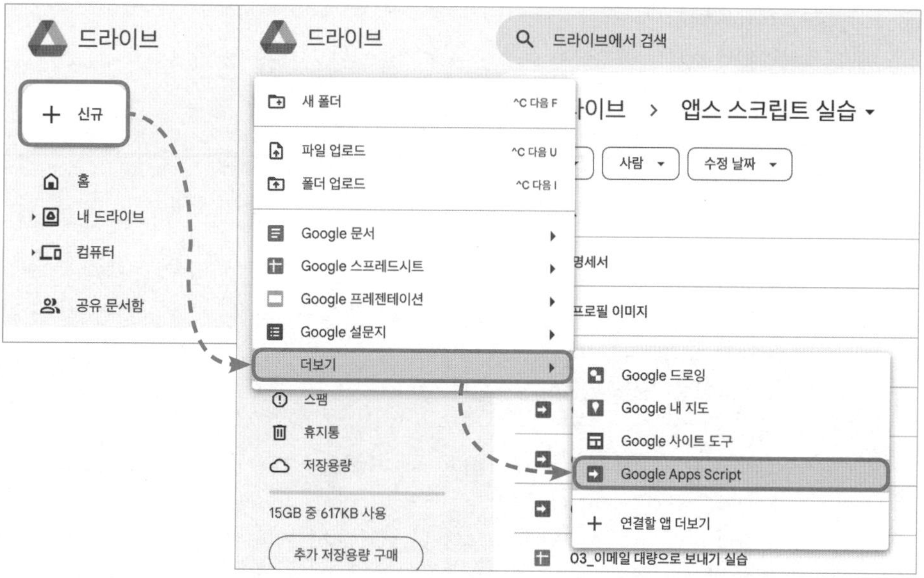

02 웹훅과 캘린더 ID가 있으면 일정 알림봇은 쉽게 만들 수 있습니다. 오늘 날짜에 일정이 등록되어 있는지 캘린더를 확인한 다음, 캘린더에 일정이 있으면 해당 일정 정보를 가져와 슬랙 웹훅으로 메시지를 발송하면 됩니다. 우선은 캘린더에 등록된 일정이 있으면 일정을 로그에 출력하는 코드를 작성해봅시다.

바로 자동화 코드 bit.ly/3Q63zo0

```
function getTodayEvents() {
  // 캘린더 ID
  const calendarID = "5a6615**8655@group.calendar.google.com";

  // ❶ 오늘 날짜 가져오기
  const today = new Date();

  // ❷ 캘린더 가져오기
  const calendar = CalendarApp.getCalendarById(calendarID);
  if (!calendar) {
    console.error(`캘린더를 찾을 수 없습니다. ID: ${calendarID}`);
    return;
  }

  // ❸ 오늘의 이벤트 가져오기
  const events = calendar.getEventsForDay(today);

  // ❹ 이벤트 출력
  if (events.length === 0) {
    console.log("오늘 일정이 없습니다.");
  } else {
    console.log(`오늘의 일정 (${events.length}건):`);
    events.forEach(event => {
      console.log(`- ${event.getTitle()} (${event.getStartTime()} - ${event.
getEndTime()})`);
    });
  }
}
```

❶ new Date()는 오늘 날짜를 반환하는 함수입니다. 이 값을 ❸과 같이 getEventsForDay() 함수에 전달하면 오늘 날짜를 기준으로 일정을 가져올 수 있습니다.

❷ 캘린더 ID를 이용하여 캘린더를 앱스 스크립트로 가져옵니다.

❸ 오늘 날짜 기준으로 캘린더의 일정을 가져옵니다.

❹ 일정이 하나 이상 있으면 일정이 몇 건인지, 일정 내용은 무엇인지 제목과 일정 기간을 출력합니다.

03 코드 실행 전에 일정을 캘린더에 등록합니다. **이때 반드시 캘린더 ID와 동일한 캘린더에 일정을 등록하세요.**

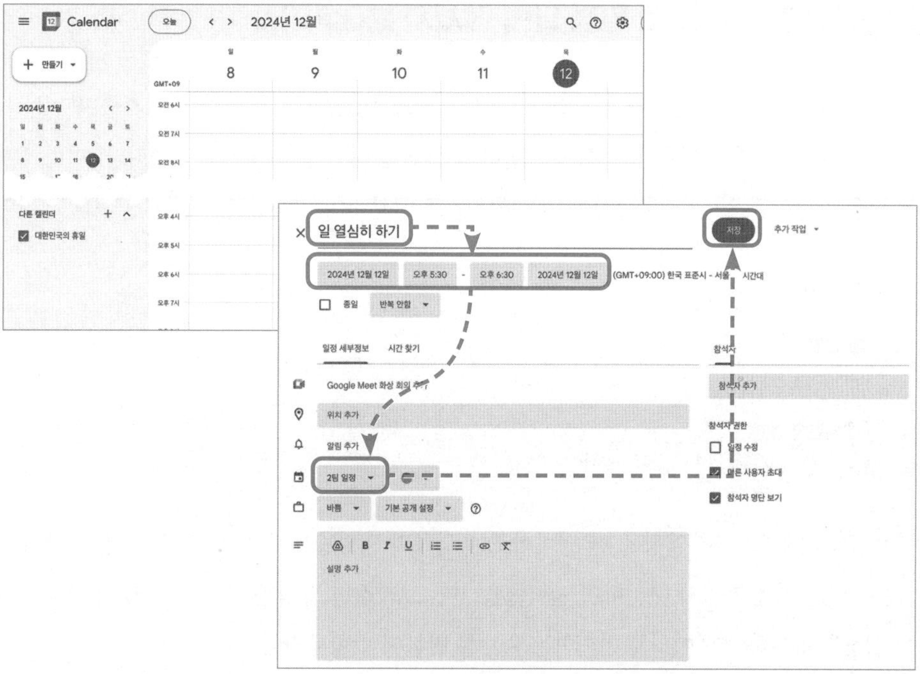

04 코드를 실행하면 로그에 등록한 일정과 시간이 보입니다.

실행 로그

오후 5:05:05	알림	실행이 시작됨
오후 5:05:05	정보	오늘의 일정 (1건):
오후 5:05:05	정보	- 일 열심히 하기 (Thu Dec 12 2024 17:30:00 GMT+0900 (Korean Sta Time))
오후 5:05:05	알림	실행이 완료됨

이제 캘린더에서 일정과 시간을 가져올 수 있게 되었으므로 이를 바탕으로 슬랙에 메시지만 보내면 됩니다! 얼마 남지 않았습니다.

바로 실습 39 슬랙으로 일정 알림 메시지 보내기

앞서 Chapter 16 **챗GPT로 슬랙 메시지를 아름답게 바꿔 보내보기**에서 슬랙 메시지를 꾸미는 방법은 공부했으므로 꾸미는 방법에 대해서는 별다른 설명 없이 실습을 진행하겠습니다. 이번 실습에서는 다음과 같이 종일 일정과 시간이 있는 일정으로 구분하여 일정 알림 메시지를 보낼 겁니다.

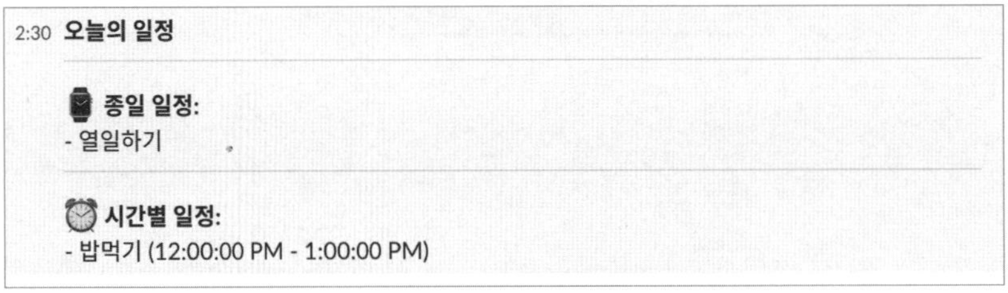

메시지를 자세히 보면 일정을 한 덩어리로 출력하지 않았습니다. 종일 일정인지, 시간이 정해져 있는 일정인지에 따라서 구분하여 출력했습니다. 그러려면 일정을 종일 일정과 시간이 정해져 있는 일정을 구분하여 데이터를 반환하는 함수를 만들어야 합니다.

01 앞에서 작성한 코드를 수정합니다. 다음과 같이 경우를 나눠 메시지를 보내도록 반환값을 수정합니다.

TIP 웹훅 URL은 Part 07 구글폼 설문지 알림봇 만들기 를 통해 준비하기 바랍니다.

- **오늘 일정이 없으면 :** 아무것도 반환하지 않음
- **오늘 종일 일정이 있으면 :** 종일 일정을 반환
- **오늘 시간이 정해져 있는 일정이 있으면 :** 시간과 함께 일정을 반환

```
function getTodayEvents() {
  // 슬랙 웹훅 URL(자신이 만든 웹훅 URL을 입력하세요)
  const webhookUrl = "https://hooks.slack.com/services/T084**w0";

  // 캘린더 ID(내가 일정을 등록한 캘린더의 ID를 입력하세요)
  const calendarID = "ca**89@gmail.com";

  // 오늘 날짜 가져오기
  const today = new Date();

  // ❶ 캘린더 가져오기
  const calendar = CalendarApp.getCalendarById(calendarID);

  // ❷ 캘린더를 찾지 못하면
  if (!calendar) {
    const errorMessage = `캘린더를 찾을 수 없습니다. ID: ${calendarID}`;

    // ❸ 오류 메시지를 슬랙으로 전송
    sendSlackMessage(webhookUrl, createSlackBlocks(errorMessage));
    return;
  }
...생략...
```

❶ 캘린더를 가져와 일정을 찾습니다.

❷ 슬랙 메시지를 전송합니다. 이때 캘린더를 찾지 못하면 ❸ 오류 메시지를 슬랙으로 전송합니다.

02 이어서 코드를 작성합니다. 이벤트를 가져와 메시지를 구성하는 코드입니다.

바로 자동화 코드 bit.ly/3Q63zo0

```
...생략...
  // ❶ 오늘의 이벤트 가져오기
  const events = calendar.getEventsForDay(today);
  let allDayEvents = "\u231A *종일 일정:*\n"; // 종일 일정
  let timedEvents = "\u23F0 *시간별 일정:*\n"; // 시간별 일정

  // ❷ 이벤트 메시지 구성
  if (events.length > 0) {
    // 이벤트가 있으면
    events.forEach(event => {
      const eventTitle = event.getTitle();
      // ❸ 종일 이벤트가 있으면
      if (event.isAllDayEvent()) {
        allDayEvents += `- ${eventTitle}\n`;
      } else { // ❹ 시간별 이벤트가 있으면
        const startTime = event.getStartTime().toLocaleTimeString();
        const endTime = event.getEndTime().toLocaleTimeString();
        timedEvents += `- ${eventTitle} (${startTime} - ${endTime})\n`;
      }
    });
  } else {
    if (allDayEvents === "\u231A *종일 일정:*\n") allDayEvents = "\u231A 종일 일정
    이 없습니다.\n";
    if (timedEvents === "\u23F0 *시간별 일정:*\n") timedEvents = "\u23F0 시간별 일
    정이 없습니다.\n";
  }
  const messageBlocks = createSlackBlocks(allDayEvents, timedEvents);

  // ❺ 슬랙에 메시지 전송
```

```
  sendSlackMessage(webhookUrl, messageBlocks);
}
```

❶ 종일 일정과 시간별 일정 이벤트를 가져옵니다.

❷ 이벤트 메시지를 구성합니다. ❸ 종일 이벤트와 ❹ 시간별 이벤트를 구별해서 메시지를 구성합니다.

❺ 슬랙에 메시지를 전송합니다.

03 마지막으로 메시지 레이아웃을 구성하고 메시지를 전송하는 sendSlackMessage( ) 함수를 구성합니다.

바로 자동화 코드 bit.ly/3Q63zo0

```
...생략...
// ❶ 메시지 레이아웃 구성(꾸미기)
function createSlackBlocks(allDayEvents, timedEvents) {
  return {
    blocks: [
      {
          type: "section", text: { type: "mrkdwn", text: "*오늘의 일정*" }
      },
      {
          type: "divider"
      },
      {
          type: "section", text: { type: "mrkdwn", text: allDayEvents }
      },
      {
          type: "divider"
      },
      {
          type: "section", text: { type: "mrkdwn", text: timedEvents }
```

```
      }
    ]
  };
}

// ❷ 슬랙 메시지 전송 함수 구성
function sendSlackMessage(webhookUrl, messageBlocks) {
  const options = {
    method: "post",
    contentType: "application/json",
    payload: JSON.stringify(messageBlocks)
  };

  try {
    UrlFetchApp.fetch(webhookUrl, options);
    console.log("슬랙에 메시지를 성공적으로 전송했습니다.");
  } catch (error) {
    console.error("슬랙 메시지 전송 실패:", error);
  }
}
```

❶ 메시지 레이아웃을 구성합니다. 종일 이벤트, 시간별 이벤트를 구분하기 위해 divider를 추가했습니다.

❷ 슬랙 메시지 전송 함수입니다. 앞에서 공부했으므로 구체적인 설명은 생략했습니다.

04 코드를 다 작성하고 getTodayEvents( ) 함수를 실행하면 캘린더알림봇 채널로 메시지가 발송됩니다.

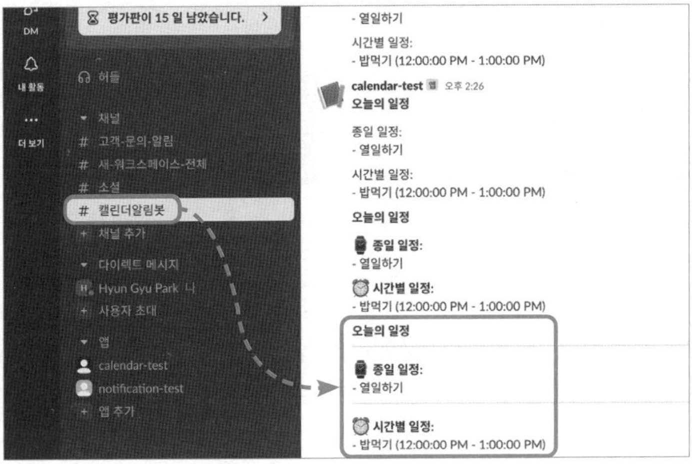

바로 실습 40 트리거 연결하여 정기적으로 알림 발송하기

이제 알림봇처럼 실행하려면 getTodayEvents( ) 함수에 트리거를 연결하면 됩니다.

01 앱스 스크립트 코드 편집기에서 가장 왼쪽에 시계 모양 메뉴를 클릭합니다. 트리거를 설정하는 화면이 나오면 우측 하단에 위치한 [트리거 추가] 버튼을 클릭합니다.

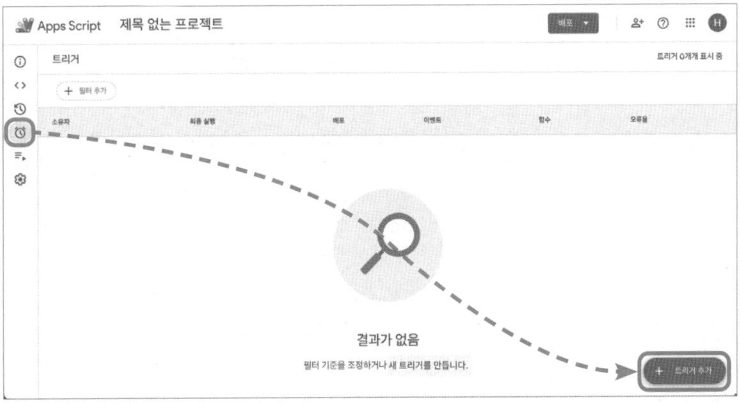

02 모달이 열리면 이벤트 소스를 [시간 기반]를 선택, 트리거 기반 시간 유형 선택은 [일 단위 타이머]로 선택, 시간 선택은 [오전 8시~오전 9시 사이]로 선택합니다. 권한 확인 메뉴가 나타나면 이전처럼 진행하면 됩니다.

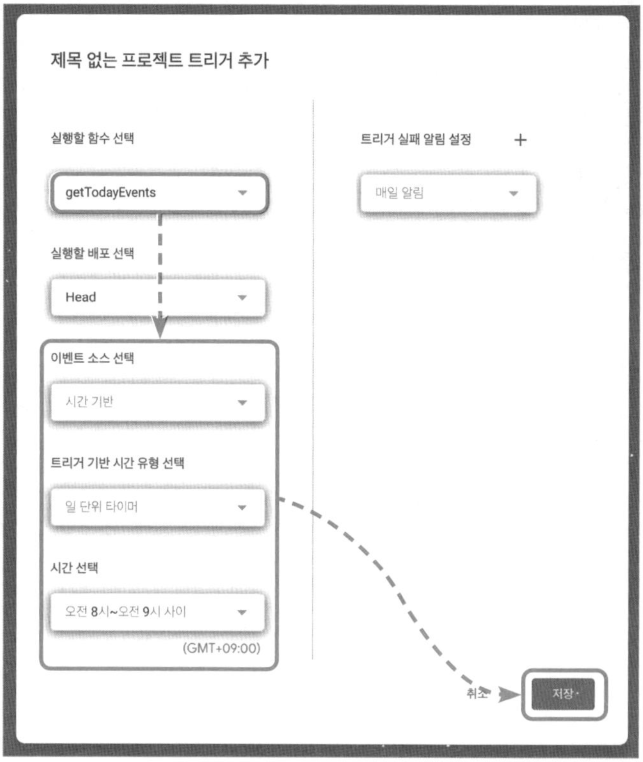

이제 날마다 아침 8시에서 9시 사이에 일정을 확인해서 Slack 메신저 앱으로 메시지를 보내주게 됩니다.

Chapter 18

챗GPT로 캘린더에 있는 구글밋 링크도 포함하여 보내기

선생님, 일정에 구글 밋이 포함되어 있다면 알림봇에서 링크도 함께 전송하면 좋을 것 같아요. 바로 눌러서 회의에 참석할 수 있으면 정말 편리할 것 같은데요.

학생

선생님

아주 좋은 아이디어예요! 구글 캘린더의 이벤트 정보를 가져올 때, 구글 밋 링크를 확인해서 알림 메시지에 추가하면 됩니다. 이렇게 하면 알림을 통해 바로 회의에 접속할 수 있죠. 한번 코드를 작성하며 구현해볼까요?

바로 실습 41 챗GPT로 구글밋 링크 포함하여 알림봇에 메시지 보내기

01 챗GPT에게 우리가 작성한 코드를 전달하면서 구글밋 링크가 있으면 구글밋 링크를 포함하여 보내도록 수정해달라고 부탁해봅시다.

이 코드를 바탕으로 일정에 구글밋 링크가 있으면 구글밋 링크를 포함하여 보내줘. 구글밋 링크는 https://meet.google.com/jec-hfij-esk와 같이 생겼어. 구글밋 링크는 바로가기 버튼을 하나 만들어서 메시지에 추가해.

여기에 여러분의 코드 내용을 붙여넣으세요.

구글 캘린더 이벤트 객체에서 getDescription() 메서드를 사용하면 이벤트의 설명(description)을 가져올 수 있습니다. 설명에 Google Meet 링크가 포함되어 있다면 이를 메시지에 추가하도록 코드를 수정하겠습니다. 아래는 업데이트된 코드입니다:

결과 코드는 너무 길어서 생략했습니다.

02 코드를 실행하기 전에 구글밋을 포함한 일정을 만들어봅니다. 여러분이 생성한 캘린더 ID로 일정을 등록하고, 일정에 구글밋을 포함시키세요.

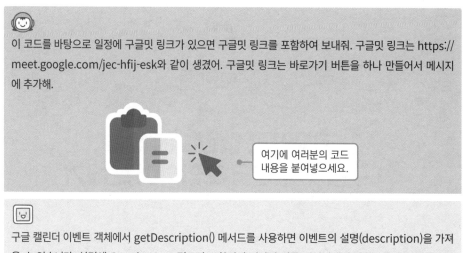

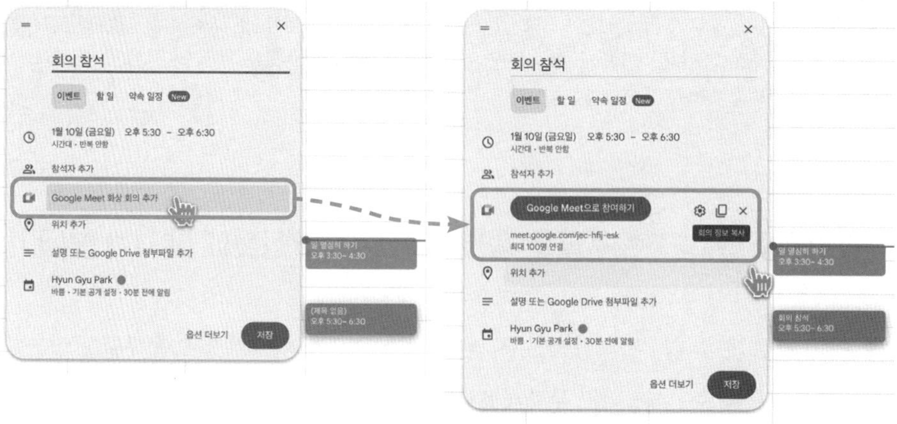

03 그런 다음 일정에 메모로 구글밋 링크 주소를 입력하여 둡니다.

TIP 이렇게 하지 않는 방법도 있지만 그 방법은 과정이 너무 복잡해서 이 책에서 소개하기는 적합하지 않으므로 이 방법을 소개했습니다.

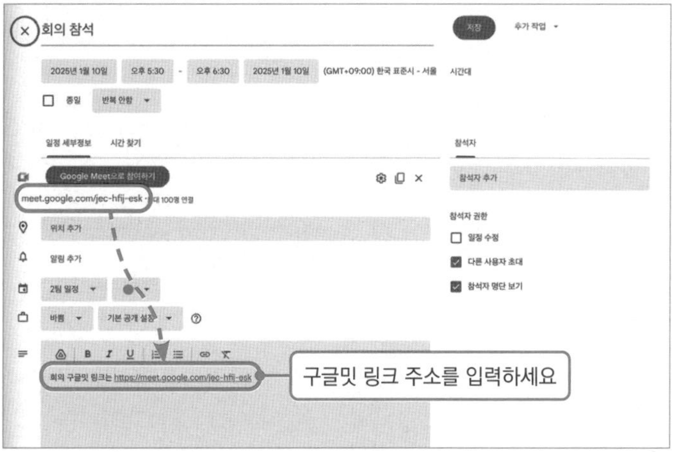

04 챗GPT에게 코드를 실행하면 구글밋 링크까지 슬랙 메시지로 알려주네요!

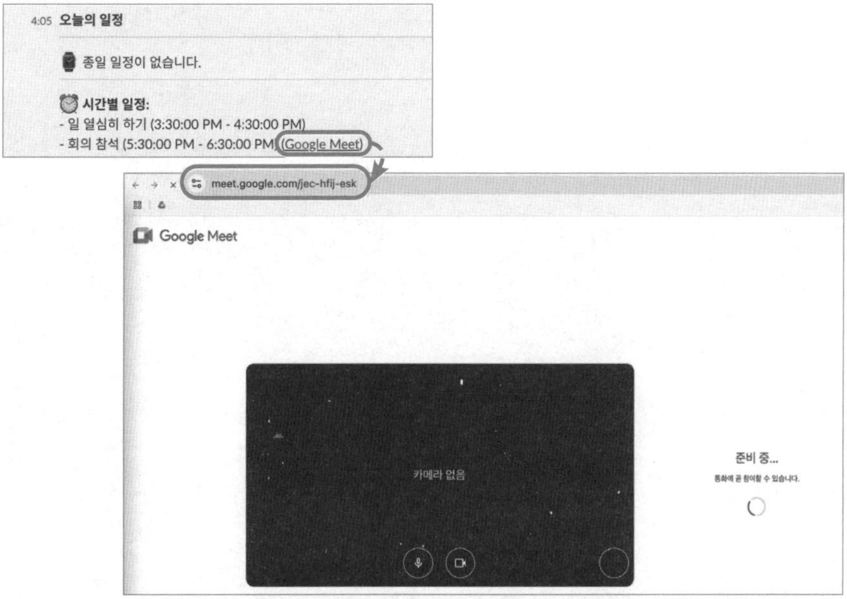

정말 쉽네?

Part
09
주기적으로 업데이트하는 성과표 알림봇 만들기

여기서 공부할 내용

주기적으로 업데이트하는 성과표 같은 거... 하나씩은 다 있죠? 스프레드시트의 데이터를 일일이 확인하느라 번거로웠을 겁니다. 이번에는 스프레드시트의 주요 지표를 자동으로 분석하고 슬랙으로 전달하는 알림봇을 만들어봅니다. 마케팅 성과부터 매출 현황까지, 매일 아침 핵심 데이터를 한눈에 확인할 수 있게 될 거예요!

Chapter 19

알림봇 만들기 준비하고 성과표 알림봇 만들기

학생: 선생님, 회사에서는 매일 업데이트하는 스프레드시트 데이터가 있잖아요. 예를 들어, 마케팅 팀에서 SNS 조회수나 좋아요 수를 기록한다면, 이런 지표를 매일 아침 슬랙으로 받을 수 있으면 정말 편리할 것 같아요. 지금까지 배운 내용을 활용하면 성과 알림봇을 만들 수 있을까요?

선생님: 물론입니다! 스프레드시트 데이터를 읽어와 필요한 지표를 추출하고, 이를 슬랙 메신저로 전송하는 성과 알림봇을 충분히 만들 수 있어요. 우리가 배운 앱스 스크립트와 슬랙 연동을 응용하면 가능하답니다. 지금부터 성과 알림봇을 만들어볼까요?

분석하기 정확히 무엇이 문제일까?

이번의 문제 상황은 특별히 새로운 문제라고 할만한 것은 없습니다. 지금까지 배운 내용을 종합하여 슬랙 알림봇을 만들면 되죠. 다만 문제를 정의하고, 해결할 내용을 정리할 습관을 들이는 건 좋으므로 지금까지 해왔던 것처럼 문제를 분석하고 어떻게 문제를 해결할지 생각해보고 실습을 진행하겠습니다.

분석 01 **업데이트한 스프레드시트의 정보를 이용해야 한다**

스프레드시트의 정보를 매일 업데이트하고 있습니다. 업데이트한 지표에 대하여 어떤 인사이트만 있다면 해석한 결과를 알림봇에 포함해도 좋을 것 같습니다. **스프레드시트의 정보를 읽어서 슬랙에 메시지를 보낼 수 있도록 데이터를 가공하겠습니다.**

분석 02 **스프레드시트의 정보를 매일 슬랙으로 보내야 한다**

스프레드시트의 정보를 읽어서 가공한 다음 슬랙으로 메시지를 보내야 합니다. **트리거를 통해 매일 09시에 가공한 정보를 보내겠습니다.**

바로 실습 42 챗GPT로 가상의 SNS 집계 데이터 만들기

이제 문제를 분석했으므로 챗GPT를 이용하여 실습에 필요한 스프레드시트 데이터부터 준비해보겠습니다. 여기서는 가상의 SNS 집계 데이터를 만들겠습니다.

01 다음과 같이 챗GPT에게 부탁하여 가상의 SNS 집계 데이터를 받아보세요.

가상의 SNS 집계 표가 필요해.

- 열은 다음과 같아.
- 날짜별 SNS 서비스 이름(페이스북, 인스타그램, X 중 하나), 신규 방문자, 재방문자, 총 좋아요 수, 총 공유 수
- 12월 15일부터 오늘 날짜까지 매일 각 서비스의 지표를 수집했다라고 가정

12월 15일부터 오늘까지 매일 각 SNS 서비스의 데이터를 수집한 가상의 집계 데이터가 준비되었습니다. 추가 분석이나 가공이 필요하면 알려주세요!

12월 16일부터 오늘까지의 SNS 집계 데이터

	날짜	SNS 서비스 이름	신규 방문자	재방문자
1	2024-12-15	페이스북	341	280
2	2024-12-15	인스타그램	260	234
3	2024-12-15	X	381	150
4	2024-12-16	페이스북	335	165
5	2024-12-16	인스타그램	253	271
6	2024-12-16	X	294	103

02 표를 받은 다음에는 스프레드시트에 표를 복붙하여 준비하고 시트 이름도 적당히 지어주세요. 저는 'SNS집계'라고 지었습니다.

	A	B	C	D	E	F
1	날짜	SNS 서비스 이름	신규 방문자	재방문자	총 좋아요 수	총 공유 수
2	2024. 12. 15	페이스북	341	280	864	203
3	2024. 12. 15	인스타그램	260	234	1772	370
4	2024. 12. 15	X	381	150	1653	465
5	2024. 12. 16	페이스북	335	165	1250	184
6	2024. 12. 16	인스타그램	253	271	1730	382
7	2024. 12. 16	X	294	103	862	447
8	2024. 12. 17	페이스북	287	61	1551	112
9	2024. 12. 17	인스타그램	259	256	210	144
10	2024. 12. 17	X	256	201	730	458
11	2024. 12. 18	페이스북	223	93	783	490
12	2024. 12. 18	인스타그램	314	73	354	430

이제 데이터가 다 준비되었습니다. 이 데이터를 기반으로 여러 작업들을 진행해보겠습니다.

바로 실습 43 날짜 데이터 가공하기

데이터를 마련했으니 앱스 스크립트로 이를 활용해보겠습니다. 슬랙에 보낼 데이터의 형태는 다음과 같이 가공하는 것을 목표로 하겠습니다.

```
var message = {
  "text": `오늘의 마케팅 지표 알림!
  페이스북 집계 결과 : <결과 내용>
  인스타그램 집계 결과 : <결과 내용>
  X(구 트위터) 집계 결과 : <결과 내용>`
};
```

오늘 날짜 기준으로 지표에 어떤 변화가 생겼는지 알기 위해서는 어제 데이터와 그제 데이터를 읽어야 합니다. 해당 데이터를 읽고, 날짜 데이터를 가공하겠습니다.

01 **스프레드시트의 데이터는 매일 업데이트되고 있으므로 맨 마지막 줄의 3개의 데이터가 '오늘'이라면 이전 3줄의 데이터가 어제 데이터일 것입니다.** 이 규칙을 이용하여 스프레드시트의 데이터를 읽고 변수에 저장한 다음 콘솔에 출력해보겠습니다.

31	2024. 12. 24	X	337	233	277	64
32	2024. 12. 25	페이스북	224	178	1762	291
33	2024. 12. 25	인스타그램	247	170	198	187
34	2024. 12. 25	X	251	148	1832	362
35	2024. 12. 26	페이스북	353	78	1321	249
36	2024. 12. 26	인스타그램	494	42	203	17
37	2024. 12. 26	X	442	266	1259	350
38	2024. 12. 27	페이스북	197	72	1180	398
39	2024. 12. 27	인스타그램	498	225	541	42
40	2024. 12. 27	X	400	212	1811	359
41						

어제 (35–37행)
오늘 (38–40행)

바로 자동화 코드 bit.ly/4g5dmFg

```
function getPreviousDay() {
  const sheetName = "SNS집계";
  const spreadsheet = SpreadsheetApp.getActiveSpreadsheet();
```

```
  const sheet = spreadsheet.getSheetByName(sheetName);

  // ❶ 시트가 없을 경우 오류 메시지 출력 후 종료
  if (!sheet) {
    console.error(`'${sheetName}'라는 이름의 시트를 찾을 수 없습니다.`);
    return;
  }

  // ❷ 시트의 모든 데이터 가져오기 (헤더 제외)
  const data = sheet.getDataRange().getValues().slice(1); // 첫 번째 행(헤더) 제외

  // ❸ 매일 3개의 데이터가 입력되므로 마지막 6개의 데이터를 가져옴
  const lastTwoDaysData = data.slice(-6);

  // ❹ 어제와 오늘 데이터 추출 후 출력
  const yesterdayData = lastTwoDaysData.slice(0, 3); // 어제 데이터 (첫 3개)
  const todayData = lastTwoDaysData.slice(3, 6); // 오늘 데이터 (다음 3개)
  console.log(`어제 데이터 ${yesterdayData}`);
  console.log(`오늘 데이터 ${todayData}`)
}
```

실행 결과

```
어제 데이터 Thu Dec 26 2024 00:00:00 GMT+0900
(Korean Standard Time),페이스북,353,78,1321,249,Thu Dec 26 2024 00:00:00 GMT+0900
(Korean Standard Time),인스타그램,494,42,203,17,Thu Dec 26 2024 00:00:00 GMT+0900
(Korean Standard Time),X,442,266,1259,350
오늘 데이터 Fri Dec 27 2024 00:00:00 GMT+0900 (Korean Standard Time),페이스
북,197,72,1180,398,Fri Dec 27 2024 00:00:00 GMT+0900 (Korean Standard Time),
인스타그램,498,225,541,42,Fri Dec 27 2024 00:00:00 GMT+0900 (Korean Standard
Time),X,400,212,1811,359
```

❶ 시트를 찾아보고 없으면 오류 메시지를 반환합니다. 이런 과정을 '예외 처리'라고 부릅니다. 지금까지는 이런 예외 처리를 하지 않았지만 실무에서는 예외 처리가 아주 중요합니다.

❷ 시트의 모든 데이터를 가져오고 헤더에 해당하는 첫 번째 행은 제외합니다.

③ 매일 3개의 데이터가 입력된다고 가정했으므로 마지막 6개의 데이터를 가져오기 위해 data.slice(-6)를 수행했습니다. slice( ) 함수는 배열에서 데이터를 잘라 가져올 때 사용합니다. 이때 음수를 넣으면 뒤에서 N번째까지의 데이터를 가져옵니다.

④ 가져온 데이터를 다시 3개씩 잘라서 각 변수에 저장하고 출력합니다. slice( ) 함수는 이렇게 2개의 인수로 시작 지점과 종료 지점을 정하여 배열을 자를 수도 있습니다. 이때 마지막 인수는 마지막 위치까지가 아닌 마지막 위치 직전의 값까지를 의미합니다(이하가 아니라 미만입니다).

그런데 결과값을 보면 날짜가 시트에 입력한 것과 포맷이 다릅니다. 스프레드시트에는 2024-12-27과 같이 입력했는데 Fri Dec 27 2024 00:00:00 GMT+0900 (Korean Standard Time)와 같이 출력됩니다. 그렇게 된 이유는 스프레드시트와 앱스 스크립트가 날짜를 처리하는 방식이 다르기 때문입니다. 이 값을 그대로 슬랙 메시지로 보내면 보기 불편하므로 날짜 포맷을 변경하겠습니다.

02 슬랙에는 2024-12-27과 같이 포맷을 변경하여 메시지를 발송할 것이므로 날짜 포맷을 변경하도록 코드를 조금 더 수정하겠습니다.

바로 자동화 코드 bit.ly/4g5dmFg

```
function getPreviousDay() {
  const sheetName = "SNS집계";
  const spreadsheet = SpreadsheetApp.getActiveSpreadsheet();
  const sheet = spreadsheet.getSheetByName(sheetName);

  // 시트가 없을 경우 오류 메시지 출력 후 종료
  if (!sheet) {
    console.error(`'${sheetName}'라는 이름의 시트를 찾을 수 없습니다.`);
    return;
  }
```

```
  // 시트의 모든 데이터 가져오기 (헤더 제외)
  const data = sheet.getDataRange().getValues().slice(1); // 첫 번째 행(헤더) 제외
  // 매일 3개의 데이터가 입력되므로 마지막 6개의 데이터를 가져옴
  const lastTwoDaysData = data.slice(-6);
                                                        여기를 수정하고
  // ❶ 6개의 데이터에서 날짜 데이터만 다시 포맷팅하여 반환

  const formattedData = lastTwoDaysData.map(row => {
    // ❷ row[0]은 현재 순회 중인 데이터의 날짜를 의미, 이 값을 Date로 변환
    const date = new Date(row[0]);
    if (date instanceof Date) {

      // ❸ 날짜를 'yyyy-MM-dd' 형식으로 변환
      row[0] = Utilities.formatDate(date, Session.getScriptTimeZone(), "yyyy-MM-
      dd");
    }
    return row; // 포맷된 행 반환
  });

  const yesterdayData = formattedData.slice(0, 3); // 어제 데이터 (첫 3개)
  const todayData = formattedData.slice(3, 6); // 오늘 데이터 (다음 3개)
                                          여기를 수정하세요.
  // 데이터 출력
  console.log("어제 데이터:", yesterdayData);
  console.log("오늘 데이터:", todayData);
}
```

실행 결과

```
어제 데이터 2025-01-20,페이스북,368,633,1063,863,2025-01-20,
인스타그램,503,224,698,244,2025-01-20,X,477,333,762,963
오늘 데이터 2025-01-21,페이스북,946,351,635,193,2025-01-21,인스타그램,
640,576,994,494,2025-01-21,X,859,392,697,693
```

❶ map() 함수는 배열을 입력 받아서 배열 안에 있는 데이터를 순회하는 기능이 있는 함수입니다. 현재 lastThreeDaysData 변수에는 스프레드시트의 9개 요소가 담겨 있으므로 이 요소를 하나씩 순회하는 것입니다. 그림으로 보면 다음과 같습니다.

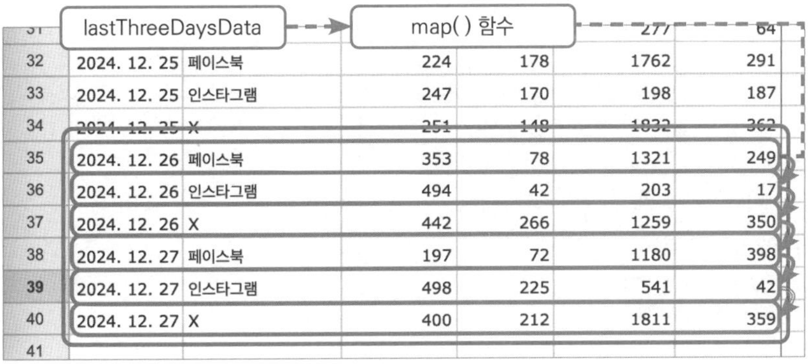

lastTwoDaysData를 map( ) 함수에 전달하면 각 요소를 하나씩 방문하면서 순회합니다. 이때 순회하고 있는 현재 데이터는 row => { ... }의 row에 해당합니다. 쉽게 말해 row의 값이 32번 줄부터 40번 줄까지 바뀌면서 하나씩 { ... }의 작업을 수행할 수 있다는 뜻입니다. 고급 문법 설명이므로 개념만 대략 이해하는 수준에서 설명하고 넘어가겠습니다.

lastThreeDaysData
map( ) 함수
32 2024. 12. 25 페이스북 224 178 1762 291
33 2024. 12. 25 인스타그램 247 170 198 187
34 2024. 12. 25 X 251 148 1832 362
35 2024. 12. 26 페이스북 353 78 1321 249
36 2024. 12. 26 인스타그램 494 42 203 17
37 2024. 12. 26 X 442 266 1259 350
38 2024. 12. 27 페이스북 197 72 1180 398
39 2024. 12. 27 인스타그램 498 225 541 42
40 2024. 12. 27 X 400 212 1811 359
41

❷ row에는 현재 순회 중인 데이터 한 줄이 있고 row[0]에는 날짜가 있습니다. 이것이 앱스 스크립트에서는 Date라는 인스턴스 형태로 취급되어 Fri Dec 27 2024 00:00:00 GMT+0900 (Korean Standard Time)와 같이 출력된 것입니다. 그래서 instance of Date라고 판단하면 이것의 포맷을 바꾸기 위해 조건문을 추가했습니다.

❸ 날짜 포맷을 Fri Dec 27 2024 00:00:00 GMT+0900 (Korean Standard Time)에서 2024-12-27 형식으로 변경합니다.

바로 실습 44 슬랙에서 보낼 메시지로 가공하기

데이터는 모두 준비되었으니 아래와 같은 형태로 메시지를 보낼 수 있도록 가공하겠습니다.

sns-test 앱 오후 3:04
2024-12-27 오늘의 SNS 통계 결과
신규 방문자 합: 1095 (▼ 전일 대비 : -15.05%)
재방문자 합: 509 (▲ 전일 대비 : 31.87%)
총 좋아요 수 합: 3532 (▲ 전일 대비 : 26.91%)
총 공유 수 합: 799 (▲ 전일 대비 : 29.71%)
Google Sheet에서 자세히 보기
Google Sheet 보기

메시지는 크게 보고 날짜, 지표 분석 결과, [Google Sheet 보기] 버튼이 있습니다. 이렇게 하면 분석 결과를 보면서 데이터를 확인하려고 할 때 버튼을 눌러 스프레드시트로 바로 이동할 수 있으니 편리할 것입니다.

01 가장 먼저 어제, 오늘 날짜의 데이터에 있는 페이스북, 인스타그램, X의 집계값을 합치기 위한 함수를 작성합니다. getPreviousDay( ) 함수 아래에 새 함수를 만드세요.

바로 자동화 코드 bit.ly/4g5dmFg

```
...생략...
function calculateColumnSums(data) {
  // ❶ 신규 방문자, 재방문자, 총 좋아요 수, 총 공유 수의 합을 저장할 배열
  const resultSums = [0, 0, 0, 0]

  // ❷ 배열의 각 행을 순회
  for (let i = 0; i < data.length; i++) {
    // ❸ 3번째 열부터 마지막 열까지 값을 합산
    for (let j = 2; j < data[i].length; j++) {
      resultSums[j - 2] += data[i][j];
    }
  }

  // ❹ 결과 배열 반환
  return resultSums;
}
```

❶ 결과를 반환할 배열을 0으로 초기화합니다.

❷ 배열을 받아 순회하며 각 열의 값을 합칩니다. ❸ 이때 1번째, 2번째 열은 날짜와 서비스 이름이므로 제외하여 열을 합칩니다.

❹ 결과 배열을 반환합니다. 예를 들어 어제 데이터

```
[ [ '2024-12-26', '페이스북', 353, 78, 1321, 249 ],
  [ '2024-12-26', '인스타그램', 494, 42, 203, 17 ],
  [ '2024-12-26', 'X', 442, 266, 1259, 350 ] ]
```

를 함수에 인수로 전달하면 결과값은 [353 + 494 + 442, 78 + 42 + 266, 1321 + 203 + 1259, 249 + 17 + 350]으로 나올 것입니다.

02 이 함수를 getPreviousDay( ) 함수에 적용하여 제대로 값이 나오는지 확인합니다.

바로 자동화 코드 bit.ly/4g5dmFg

```
function getPreviousDay() {
  const sheetName = "SNS집계";
  const spreadsheet = SpreadsheetApp.getActiveSpreadsheet();
  const sheet = spreadsheet.getSheetByName(sheetName);

  // 시트가 없을 경우 오류 메시지 출력 후 종료
  if (!sheet) {
    console.error(`'${sheetName}'라는 이름의 시트를 찾을 수 없습니다.`);
    return;
  }

  // 시트의 모든 데이터 가져오기 (헤더 제외)
  const data = sheet.getDataRange().getValues().slice(1); // 첫 번째 행(헤더) 제외

  // 매일 3개의 데이터가 입력되므로 마지막 6개의 데이터를 가져옴
  const lastTwoDaysData = data.slice(-6);
```

```
  // 6개의 데이터에서 날짜 데이터만 다시 포맷팅하여 반환
  const formattedData = lastThreeDaysData.map(row => {
    // row[0]은 현재 순회 중인 데이터의 날짜를 의미
    if (row[0] instanceof Date) {
      // 날짜를 'yyyy-MM-dd' 형식으로 변환
      row[0] = Utilities.formatDate(row[0], Session.getScriptTimeZone(), "yyyy-
MM-dd");
    }
    return row; // 포맷된 행 반환
  });

  const yesterdayData = formattedData.slice(0, 3); // 어제 데이터 (첫 3개)
  const todayData = formattedData.slice(3, 6); // 오늘 데이터 (다음 3개)

  // ❶ 데이터 출력에 calculateColumnSums( ) 함수 적용
  console.log(`어제 데이터 ${calculateColumnSums(yesterdayData)}`);
  console.log(`오늘 데이터 ${calculateColumnSums(todayData)}`)
}
...생략...
```

여기를 수정하세요.

실행 결과

```
어제 데이터의 합: [ 1289, 386, 2783, 616 ]
오늘 데이터의 합: [ 1095, 509, 3532, 799 ]
```

❶ 코드 작성 후 getPreviousDay( ) 함수를 실행하면 calculateColumnSums( ) 함수를 적용한 결과가 나옵니다.

03 이제 이 값을 활용하여 슬랙 메시지를 만들면 됩니다. getPreviousDay( ) 함수를 조금 더 수정합시다. 과정 **02**에서 console.log( ) 함수로 yesterdayData와 todayData를 출력한 부분을 지우고 이 코드를 채워넣으면 됩니다.

바로 자동화 코드 bit.ly/4g5dmFg

```
function getPreviousDay() {
...생략...
const yesterdaySums = calculateColumnSums(yesterdayData);
const todaySums = calculateColumnSums(todayData);

  // ❶ 메시지 구성
  // todaySums[0], yesterDaySums[0]에는 신규 방문자의 각 합계 값이
  // todaySums[1], yesterDaySums[1]에는 재방문자의 각 합계 값이
  // todaySums[2], yesterDaySums[2]에는 총 좋아요 수의 각 합계 값이
  // todaySums[3], yesterDaySums[3]에는 총 공유 수의 각 합계 값이 들어 있음
  const message = `${formattedData[3][0]} 오늘의 SNS 통계 결과
신규 방문자 합: ${todaySums[0]} (전일 대비 : ${((todaySums[0] - yesterdaySums[0]) /
todaySums[0] * 100).toFixed(2)}%)
재방문자 합: ${todaySums[1]} (전일 대비 : ${((todaySums[1] - yesterdaySums[1]) /
todaySums[1] * 100).toFixed(2)}%)
총 좋아요 수 합: ${todaySums[2]} (전일 대비 : ${((todaySums[2] - yesterdaySums[2]) /
todaySums[2] * 100).toFixed(2)}%)
총 공유 수 합: ${todaySums[3]} (전일 대비 : ${((todaySums[3] - yesterdaySums[3]) /
todaySums[3] * 100).toFixed(2)}%)
    `;
  console.log(message);
  return message;
}
```

실행 결과

```
2024-12-27 오늘의 SNS 통계 결과
신규 방문자 합: 1095 (전일 대비 : -17.72%)
재방문자 합: 509 (전일 대비 : 24.17%)
총 좋아요 수 합: 3532 (전일 대비 : 21.21%)
총 공유 수 합: 799 (전일 대비 : 22.90%)
```

❶ 메시지 구성은 주석으로 설명한 것과 같습니다. 수식은 00.00% 형태로 계산하기 위한 단순한 계산식입니다. 코드가 길어보여서 당황할 수 있지만 차분하게 살펴보면 중학생 수준의 수식이므로 쉽게 이해할 수 있을 것입니다. toFixed(2)는 계산 결과의 소수점을 2자리로 제한하는 역할을 합니다.

04 이제 이 메시지를 슬랙 웹훅으로 보내면 됩니다! 앞에서 배운 내용을 바탕으로 메시지를 보내는 코드는 다음과 같습니다. 함수를 작성한 후에 sendMessage( ) 함수를 실행하면 채널에 메시지를 보냅니다.

TIP 웹훅은 api.slack.com/apps에 접속하여 만들고 오세요.

바로 자동화 코드 bit.ly/4g5dmFg

```
...생략...
function sendMessage() {
    const webhookUrl = "https://hooks.slack.com/services/T084R**6J";

    // getPreviousDay 함수 호출로 메시지 가져오기
    const message = getPreviousDay();

    // Slack에 보낼 페이로드 작성
    const payload = {
        text: message // 메시지를 Slack에 전송
    };
    // HTTP POST 요청을 통해 Slack에 전송
    const options = {
        method: "post",
        contentType: "application/json",
        payload: JSON.stringify(payload)
    };
    const response = UrlFetchApp.fetch(webhookUrl, options);
}
```

sns-test 앱 오후 2:53 | 실행 결과

2024-12-27 오늘의 SNS 통계 결과
신규 방문자 합: 1095 (전일 대비 : -17.72%)
재방문자 합: 509 (전일 대비 : 24.17%)
총 좋아요 수 합: 3532 (전일 대비 : 21.21%)
총 공유 수 합: 799 (전일 대비 : 22.90%)

축하합니다! 성과 알림봇까지 완성했습니다. 이제 이것을 트리거에 적용하면 주기적인 알림까지 수행할 수 있을 것입니다. 트리거 적용은 이전 장까지 꾸준하게 하던 작업이므로 별도로 소개하지 않겠습니다.

Chapter 20

챗GPT로 성과 알림봇 슬랙 메시지 꾸미기

선생님, 성과 알림봇에 조금 더 개선점을 추가하고 싶어요. 예를 들어, 전일 대비가 +인지 -인지에 따라 ▲나 ▼아이콘을 표시하면 더 직관적일 것 같아요. 그리고 슬랙 메시지에 스프레드시트로 바로 이동할 수 있는 버튼도 추가하면 좋겠어요.

학생

선생님

아주 좋은 개선 아이디어예요! 전일 대비 지표에 따라 아이콘을 추가하면 메시지가 더 직관적이고, 버튼을 통해 스프레드시트로 바로 이동할 수 있으면 사용자 편의성이 크게 향상되겠죠. 슬랙 메시지에서 이러한 기능을 구현하는 방법을 배워가며, 성과 알림봇을 더 완성도 있게 만들어봅시다!

바로 실습 45 슬랙 메시지 꾸미고 버튼 추가하기

01 챗GPT에게 우리가 작성한 코드를 전달하면서 메시지를 새로 구성해달라고 부탁해봅시다.

이 코드를 바탕으로 슬랙에 메시지를 보낼 때 메시지에 전일대비가 +면 ▲아이콘을, -면 ▼아이콘을 표시하고, 맨 마지막 위치에 https://docs.google.com/spreadsheets/d/1AiW** 주소로 이동하는 버튼을 하나 추가해서 디자인을 아름답게 꾸며줘.

여기에 여러분의 코드
내용을 붙여넣으세요.

아래는 요청 사항을 반영하여 작성한 코드입니다. 이 코드는 전일 대비 수치에 따라 ▲ 또는 ▼ 아이콘을 표시하고, Slack 메시지에 버튼을 추가하여 링크를 제공합니다. 디자인적으로도 깔끔하게 개선했습니다.

결과 코드는 너무 길어서
생략했습니다.

코드를 다시 붙여넣고 실행하면 슬랙 메시지가 요청한 대로 구성되어 있을 것입니다.

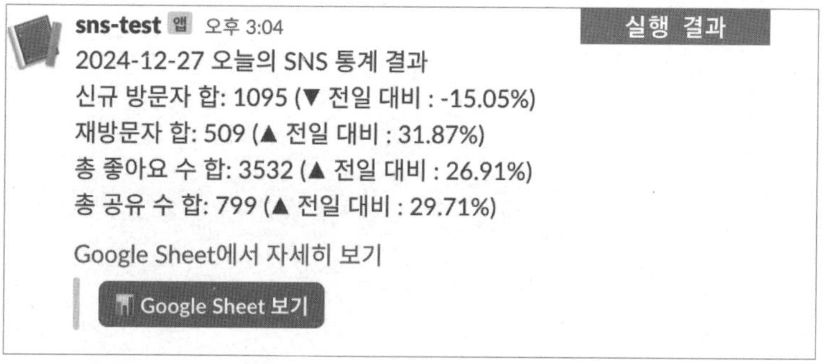
실행 결과
sns-test 앱 오후 3:04
2024-12-27 오늘의 SNS 통계 결과
신규 방문자 합: 1095 (▼ 전일 대비 : -15.05%)
재방문자 합: 509 (▲ 전일 대비 : 31.87%)
총 좋아요 수 합: 3532 (▲ 전일 대비 : 26.91%)
총 공유 수 합: 799 (▲ 전일 대비 : 29.71%)
Google Sheet에서 자세히 보기
Google Sheet 보기

정말 쉽네?

Part 10

굿즈 요청 페이지 만들어 스프레드시트와 연결하기

여기서 공부할 내용

구글폼은 편리하지만, 때로는 더 심플하고 예쁜 신청 페이지가 필요하죠. 이번에는 HTML로 직접 신청 페이지를 만들고 스프레드시트와 연결하는 방법을 배워봅니다. 회사 굿즈 주문부터 간단한 설문조사까지, 상황에 딱 맞는 멋진 페이지를 만들 수 있을 거예요!

Chapter 21

임직원 굿즈 신청서 페이지 만들기

학생

선생님, 골든래빗에서는 매년 전사 행사로 임직원들에게 티셔츠를 선물한다고 해요. 그런데 직원별로 사이즈를 조사하려고 구글 폼을 사용해보니, 불필요한 기능도 많고 꾸미는 데에도 제한이 있어서 불편하다고 해요. 다른 방법이 있을까요?

선생님

좋은 문제 제기예요! 구글 폼이 기본적인 설문에는 적합하지만, 맞춤형 양식을 꾸미거나 더 직관적인 방식으로 데이터를 수집하고 싶을 땐 부족할 수 있죠. 이런 경우, 앱스 스크립트를 사용해 페이지를 만들어서 제공하면 좋아요. 한 번 알아볼까요?

분석하기 정확히 무엇이 문제일까?

많은 사람들의 의견을 받아 조사하는 것에는 구글 폼이라는 좋은 도구가 있습니다. 하지만 구글 폼은 꾸미기에 제한이 있고, 기능이 너무 많아서 가끔 간단한 기능으로만 조사하고 싶을 때 오히려 불편하다는 느낌이 들 때가 있습니다. 특히 소개글을 쓰는 란은 텍스트나 간단한 이미지만 첨부하는 형태로 되어 있어서 가독성이 떨어집니다. 여기서는 그 문제를 모두 해결할 수 있는 HTML과 스프레드시트 연동으로 문제를 해결해봅니다.

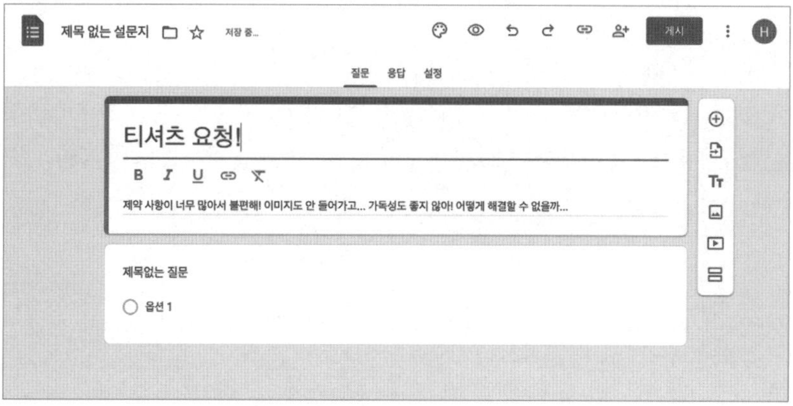

분석 01 **구글 폼 양식의 한계**

구글 폼 양식은 소개글이 단순한 텍스트이고, 이미지도 간단하게 첨부하는 형태로 되어 있어 가독성이 떨어집니다. **이것을 해결하기 위해 HTML을 간단히 만들어 필요한 값을 입력받고, 공지글이나 이미지도 배치해보겠습니다.**

분석 02 **HTML로 받은 입력값을 스프레드시트에 연결하기**

HTML로 만든 입력 양식을 스프레드시트에 연결해야 정리된 내용을 바탕으로 티셔츠 굿즈 제작을 발주할 수 있습니다. **HTML로 받은 입력값을 스프레드시트에 연결하여 스프레드시트에 입력한 내용이 업데이트될 수 있도록 하겠습니다.**

바로 실습 46 챗GPT로 회사 구성원 데이터 만들기

우선 회사에 있는 사람들 정보가 입력된 스프레드시트가 필요합니다. 이번 실습에서는 회사 구성원 이름, 아이디(5자리 숫자)가 입력된 데이터가 있다고 가정합니다.

TIP 아이디가 필요한 이유는 동명이인이 있을 수 있기 때문입니다.

01 다음과 같이 챗GPT에게 부탁하여 회사 구성원 데이터를 받아보세요.

회사 구성원 데이터 표가 필요해.

- 열은 다음과 같아.
- 이름(적절한 한글 이름으로), 부서(마케팅, 개발, 운영 중 하나), 아이디(5자리 숫자, 중복되지 않음)
- 행은 50개만 만들어

회사 구성원 데이터 표를 생성했습니다. 필요하다면 수정하거나 추가적인 데이터를 요청하세요!

회사 구성원 데이터 표

	이름	부서	아이디
1	정하영	운영	95647
2	구도형	운영	20426
3	노지민	마케팅	68282
4	김태윤	운영	40067
5	박준영	개발	19486
6	조윤재	마케팅	54553

02 그런 다음 데이터를 복붙하여 스프레드시트를 만듭니다. 티셔츠 사이즈 열도 미리 준비합니다.

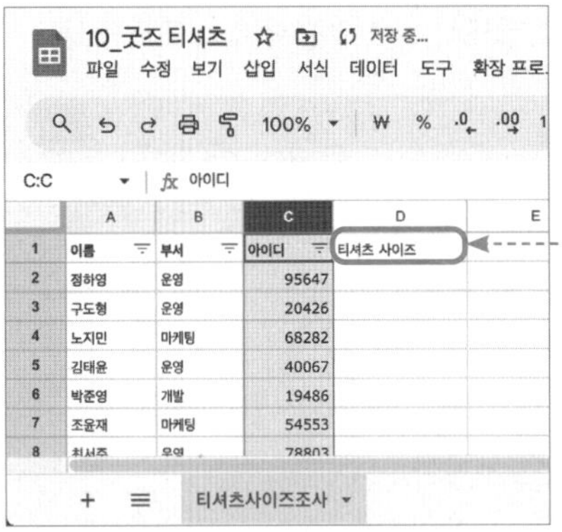

이제 D열의 티셔츠 사이즈에 값을 입력할 수 있는 페이지를 하나 만들고, 이를 연결하는 실습을 진행하겠습니다.

바로 실습 47 사번으로 이름 검색하기

이번에 만들 굿즈 요청 페이지는 다음과 같은 기능을 추가하려고 합니다.

- **기능 1 :** 사번을 검색해서 해당 사원을 검색
- **기능 2 :** 검색 결과 확인 후 굿즈 사이즈 입력

굿즈 사이즈 입력도 입력이지만 이 검색 기능을 구현하는 것이 이번 프로젝트의 주요한 목표입니다. 앞서 사번과 이름을 매치한 데이터가 있다고 생각했을 때 사번을 검색하면 이름이 나오게 하려면 어떻게 해야 하는지 실습을 통해 알아봅시다.

01 앱스 스크립트 프로젝트를 만들고 다음과 같이 코드를 작성하여 사번으로 이름을 검색할 수 있는지 살펴봅니다.

바로 자동화 코드 bit.ly/4jnqIPU

```
function searchInSheet(id) {
  const sheet = SpreadsheetApp.getActiveSpreadsheet().getSheetByName('티셔츠사이즈조
사');
  const dataRange = sheet.getDataRange();   // 시트의 전체 데이터 범위를 가져옴
  const data = dataRange.getValues();   // 범위의 데이터를 2차원 배열 형태로 가져옴

  // ❶ 데이터 배열의 각 행을 순회
  for (let i = 0; i < data.length; ++i) {
     if (data[i][2] === id) {   // ❷ 각 행의 두 번째 열(인덱스 1)이 입력받은 id와 일
     치하는지 확인
        // ❸ id와 해당 행의 첫 번째 열(인덱스 0, 이름)을 객체 형태로 반환
        return { id: id, name: data[i][0] };
     }
  }
  return null;   // ❹ 일치하는 id가 없으면 null 반환
}
```

❶ 가져온 전체 데이터의 배열을 순회합니다. 그림으로 보면 다음과 같습니다. 박스로 표시한 네모가 data[i]에 해당합니다.

❷ 이것을 행 1개씩 내려가며 data[i][2], 즉, C열의 값이 id 매개변수로 받은 값과 같은지 확인하는 것입니다.

TIP id는 함수의 매개변수로, searchInSheet( ) 함수에 전달한 인수가 여기로 들어옵니다.

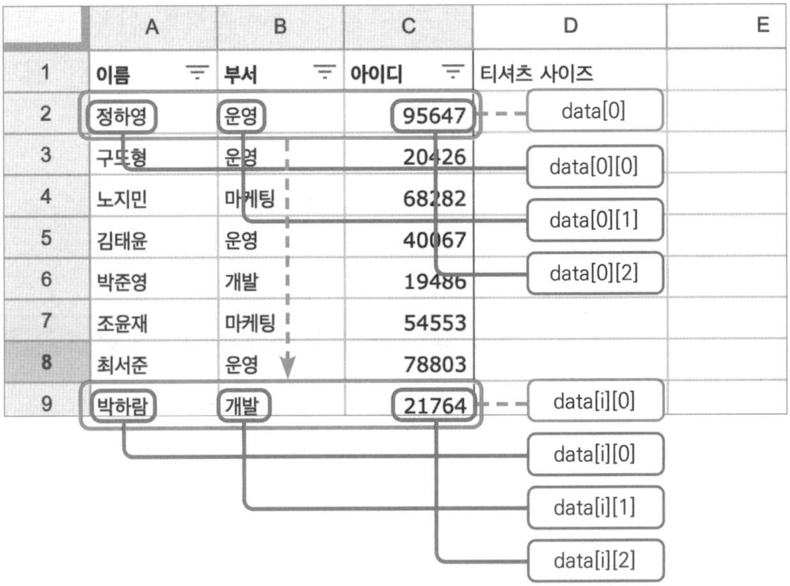

A
B
C
D
E
1 이름 부서 아이디 티셔츠 사이즈
2 정하영 운영 95647
3 구도형 운영 20426
4 노지민 마케팅 68282
5 김태윤 운영 40067
6 박준영 개발 19486
7 조윤재 마케팅 54553
8 최서준 운영 78803
9 박하람 개발 21764
data[0]
data[0][0]
data[0][1]
data[0][2]
data[i][0]
data[i][0]
data[i][1]
data[i][2]

❸ 만약 같다면 { id : id, name : data[i][0] } 형태로 값을 반환합니다. 쉽게 말해 찾은 아이디와 이름을 반환하는 것입니다. 만약 사용자가 21764을 입력했다면 2행부터 순회하면서 검사하다가 9행에서 이를 찾아 { id : 21764, name : 박하람 }이 반환될 것입니다.

02 함수가 잘 동작하는지 확인하기 위해 searchInSheet( ) 함수를 사용하는 코드를 입력하여 실행해봅니다.

바로 자동화 코드 bit.ly/4jnqIPU

```
...생략...
      }
    }
  return null;
}

function testSearchInSheet() {
  console.log(searchInSheet(21764));
}
```

여기를 작성하세요

```
{ id: 21764, name: '박하람' }
```

실행 결과

결과를 보면 잘 동작합니다. 앱스 스크립트 코드로 스프레드시트의 값을 검색하여 사번이 21764인 사원을 찾은 것입니다.

바로 실습 48 티셔츠 입력하는 함수 추가하기

이제 사번으로 사원을 검색하였으니, 사번으로 사원을 찾으면, 해당 사원의 스프레드시트 행에 티셔츠 사이즈를 입력하는 함수를 만들겠습니다.

01 사용자가 티셔츠 사이즈를 입력하면 스프레드시트의 C열에 업데이트하는 함수를 추가하겠습니다.

TIP 시트 전체의 데이터를 읽은 뒤 id와 같은 행을 찾는 코드는 searchInSheet( ) 함수와 거의 비슷하므로 설명을 생략했습니다.

바로 자동화 코드 bit.ly/4jnqIPU

```
function updateSheet(id, size) {
  const sheet = SpreadsheetApp.getActiveSpreadsheet().getSheetByName('티셔츠사이즈조
  사');
  const dataRange = sheet.getDataRange();
  const data = dataRange.getValues();
  for (let i = 0; i < data.length; i++) {
     if (data[i][2] === id) {
        // ❶ 해당 행의 4번째 열(인덱스 4)에 새로운 size 값을 설정
        sheet.getRange(i + 1, 4).setValue(size);
        return true;
     }
  }
  return false;
}
```

❶ 시트에서 id를 찾으면 setValue() 함수로 사이즈를 입력합니다.

02 함수를 테스트하기 위해 앞에서 작성했던 testSearchInSheet() 함수를 수정해서 테스트해 봅니다. 인수로 사번과 사이즈를 문자열로 전달합니다.

바로 자동화 코드 bit.ly/4jnqIPU

```
...생략...
function testUpdateSheet() {
  console.log(updateSheet(21764, "특대"));
}
```

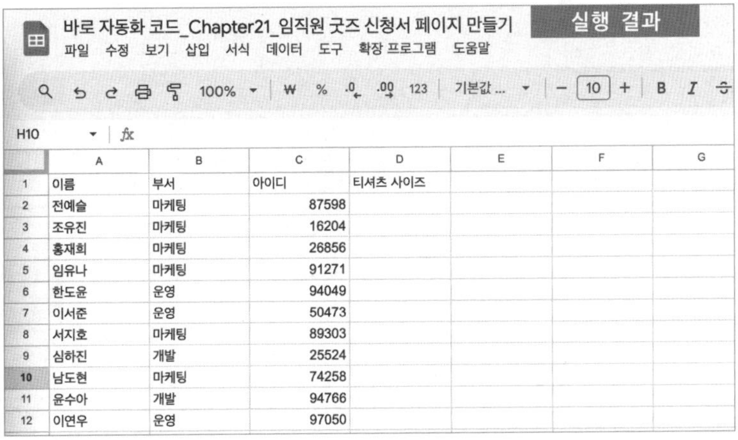

	A	B	C	D	E	F	G
1	이름	부서	아이디	티셔츠 사이즈			
2	전예슬	마케팅	87598				
3	조유진	마케팅	16204				
4	홍재희	마케팅	26856				
5	임유나	마케팅	91271				
6	한도윤	운영	94049				
7	이서준	운영	50473				
8	서지호	마케팅	89303				
9	심하진	개발	25524				
10	남도현	마케팅	74258				
11	윤수아	개발	94766				
12	이연우	운영	97050				

사번으로 사용자를 조회하여 티셔츠 사이즈를 입력하기 위한 코드는 모두 준비했습니다! 이제 사번을 검색하기 위한 HTML 화면을 구성하면 됩니다.

바로 실습 49 굿즈 요청 웹페이지 구성하고 코드와 연결하기

화면은 이런 계획으로 구성하겠습니다. 사번을 입력하고 [검색]을 누르면 스프레드시트에서 사번과 이름을 검색하는 searchInSheet( ) 함수가 동작하여 사번을 통해 사원을 찾아 화면에 띄워주고, 티셔츠 사이즈를 고르고 [반영] 버튼을 누르면 updateSheet( ) 함수를 동작시켜 스프레드시트에 사이즈 입력을 완료할 것입니다.

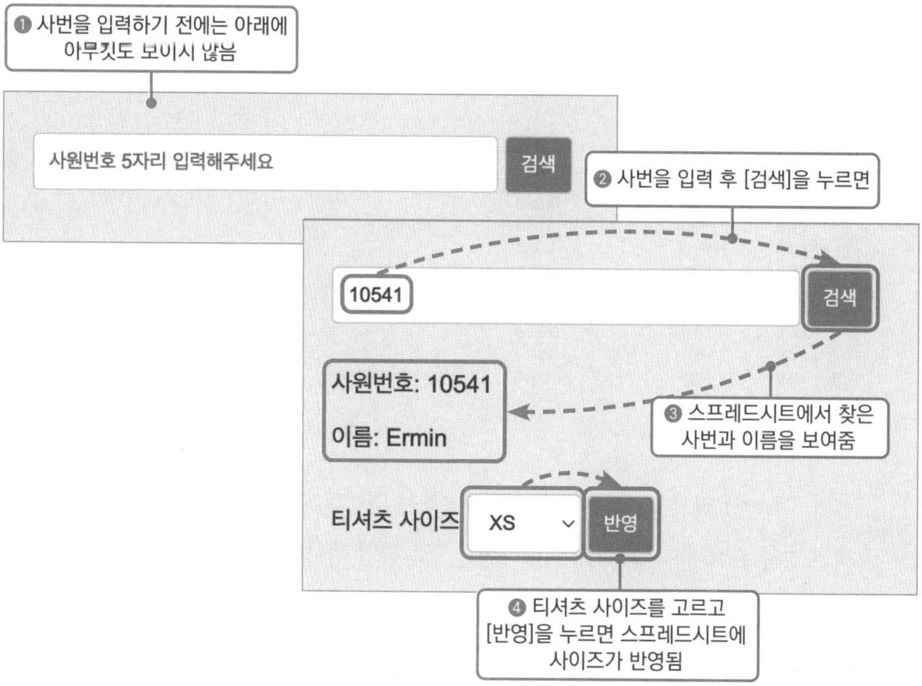
❶ 사번을 입력하기 전에는 아래에 아무것도 보이지 않음
사원번호 5자리 입력해주세요
검색
❷ 사번을 입력 후 [검색]을 누르면
10541
검색
사원번호: 10541
이름: Ermin
❸ 스프레드시트에서 찾은 사번과 이름을 보여줌
티셔츠 사이즈
XS
반영
❹ 티셔츠 사이즈를 고르고 [반영]을 누르면 스프레드시트에 사이즈가 반영됨

01 앱스 스크립트 프로젝트에서 [+] 버튼을 누르고 [HTML]을 선택하여 HTML 파일을 프로젝트에 추가합니다. 파일 이름은 template로 입력하세요.

Apps Script
1,000명이 조회해도 문제
파일
Code.gs
라이브러리
서비스
스크립트
HTML

02 기본으로 입력되어 있는 HTML 코드를 모두 삭제하고 다음 코드를 입력하세요.

바로 자동화 코드 bit.ly/4jnqIPU

```
<!DOCTYPE html>
<html lang="ko">

<head>
  <meta charset="UTF-8">
  <meta name="viewport" content="width=device-width, initial-scale=1.0">
  <title>사원 정보 조회</title>
</head>

<body>
  <!-- ❶ 사원 번호를 입력하는 입력란 -->
  <input type="number" id="idInput" placeholder="사원번호 5자리 입력해주세요">
  <!-- ❷ 사원 번호를 검색하는 버튼 -->
  <button onclick="searchId()">검색</button>
  <!-- ❸ 검색 결과를 표시할 출력 영역 -->
  <div id="output"></div>

  <script>
     // ❹ 사원 정보를 화면에 보여주는 함수
     function showData(data) {
        const outputDiv = document.getElementById('output'); // 출력 영역을 가져옴

        // ❺ 사원 정보가 존재할 경우
        if (data) {
            outputDiv.innerHTML = `
                <p>사원번호: ${data.id}</p>
                <p>이름: ${data.name}</p>
                <!-- 티셔츠 사이즈를 선택할 수 있는 드롭다운 메뉴 -->
                티셔츠 사이즈
                <select id="sizeSelect">
                        <option value="XS">XS</option>
                        <option value="S">S</option>
                        <option value="M">M</option>
```

```
                    <option value="L">L</option>
                    <option value="XL">XL</option>
              </select>
              <!-- 선택한 사이즈를 반영하는 버튼 -->
              <button onclick="updateSize()">반영</button>
          `;
      } else {
          // ❻ 사원 정보가 없을 경우
          outputDiv.innerHTML = '<p>해당 사원번호를 찾을 수 없습니다.</p>';
      }
  }
...생략...
```

❶ 사용자가 사번을 입력하고 ❷ 검색 버튼을 누르면 searchId() 함수를 실행합니다. 이 함수는 앱스 스크립트의 searchInSheet() 함수를 실행시켜 사번으로 검색한 결과를 얻습니다.

❹ showData() 함수는 사번이 있거나 없는 경우 화면을 처리하는 함수입니다. 앞에서 그림으로 봤던 사번 검색 아래에 보일 화면을 선택적으로 보여주는 함수입니다. ❺ 만약 사번으로 제대로 직원을 찾으면 티셔츠 사이즈를 고를 수 있는 화면을 보여주고 ❻ 사번으로 제대로 직원을 찾지 못하면 '해당 사원을 찾을 수 없습니다.'라는 메시지를 보여줍니다.

03 계속해서 HTML 코드를 수정합니다. 앞에 입력한 내용은 HTML 화면에서 벌어질 코드를 입력한 것입니다. HTML의 특정 버튼을 누르면 앱스 스크립트 함수에 연결되어야 하므로 google.script.run을 활용해야 합니다. 이것을 활용하면 HTML에서 앱스 스크립트 함수를 호출할 수 있습니다.

바로 자동화 코드 bit.ly/4jnqIPU

```
...생략...
    // ❶ 검색 버튼 클릭 시 호출되는 함수
```

```
    function searchId() {
      // ❷ inInput 요소에서 입력된 사원 번호 가져오기
      const id = parseInt(document.getElementById('idInput').value);
      // ❸ 앱스 스크립트의 searchInSheet( ) 함수를 실행한 결과를 showData에 전달하
      여 함수 실행
      google.script.run.withSuccessHandler(showData).searchInSheet(id);
    }

    // ❹ 사이즈 반영 버튼 클릭 시 호출되는 함수
    function updateSize() {
      // 입력된 사원 번호 가져오기
      const id = parseInt(document.getElementById('idInput').value);
      // 선택된 사이즈 가져오기
      const size = document.getElementById('sizeSelect').value;
      // ❺ updateSheet( ) 함수를 실행하여 스프레드시트에 사이즈 반영
      google.script.run
        .withSuccessHandler(() => {
          alert('티셔츠 사이즈가 성공적으로 업데이트되었습니다!');
        })
        .updateSheet(id, size);
    }
  </script>
</body>
</html>
```

❶ 화면에서 [검색] 버튼을 누르면 ❷ id가 idInput인 요소를 찾아 값을 구하고 해당 값을 ❸ searchInSheet( ) 함수에 전달하여 앱스 스크립트 함수를 실행합니다.

❹ 화면에서 사이즈를 선택하고 [반영]을 누르면 updateSize( ) 함수를 실행합니다. HTML에 있는 idInput, sizeSelect 요소값을 가져와 ❺ updateSheet( ) 함수에 전달하여 앱스 스크립트 함수를 실행합니다.

04 마지막으로 앱스 스크립트에서 해당 화면을 인식하도록 doGet( ) 함수를 작성하면 됩니다. 이렇게 하면 이후 웹 앱으로 배포하여 주소를 입력했을 때 doGet( ) 함수가 자동으로 실행되면서 화면에 HTML 코드와 입력된 화면을 띄워줍니다.

바로 자동화 코드 bit.ly/4jnqIPU

```
function doGet() {
  // ❶ HTML 파일과 연결
  return HtmlService.createHtmlOutputFromFile('template').setTitle('사원 정보 조회');
}
...생략...
```

❶ createHtmlOutputFromfile( ) 함수가 프로젝트에 있는 HTML 파일을 이후 웹 앱 배포를 했을 때 나타나는 주소로 접속했을 때 띄워줍니다.

05 정말로 그런지 현재 프로젝트를 배포하여 주소를 입력하고 확인해보겠습니다. 앱스 스크립트 프로젝트 화면의 오른쪽 위에 있는 [배포 → 새 배포]를 선택합니다. 그러면 새 배포 모달창이 나옵니다. 모달창에서 톱니바퀴 아이콘을 눌러 유형을 [웹 앱]으로 선택하고 화면과 동일하게 값을 입력하고 선택합니다.

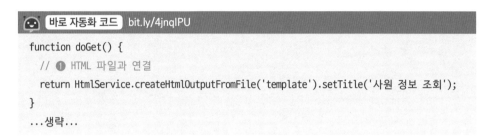

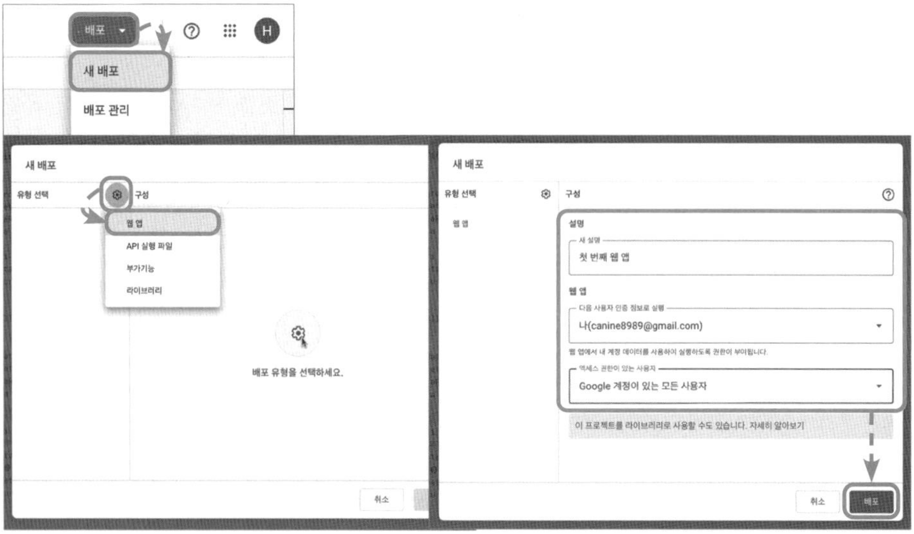

06 배포를 잘 마치면 '새 배포' 창이 나타나고 여기에 웹 앱 주소가 보입니다. 이 주소를 웹 브라우저에 입력하여 접속해보세요. 접속 후에 값을 입력하고 실행해보세요.

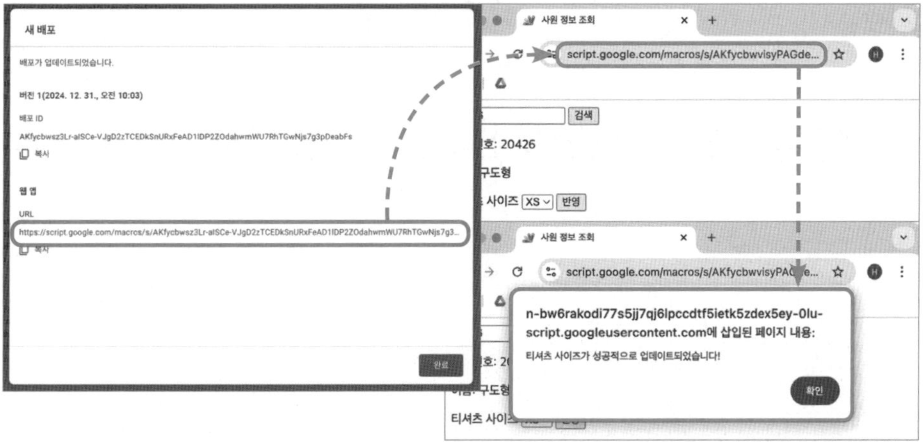

결과를 보면 제대로 값이 입력된 것 같네요! 축하합니다!

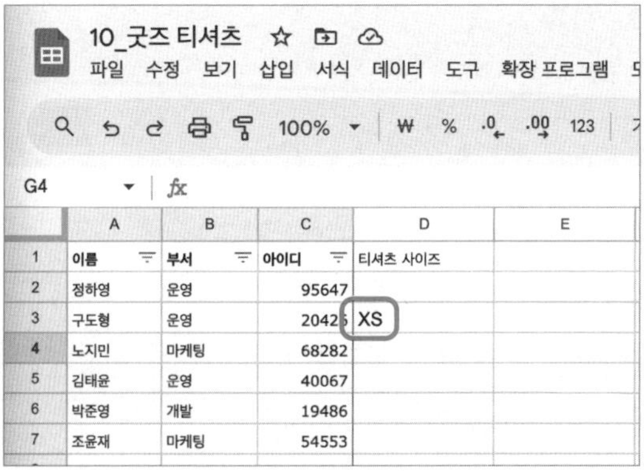

Chapter 22

챗GPT로 굿즈 신청서 화면 아름답게 꾸미기

선생님, 앞에서 만든 HTML 화면이 기본 설정이라 모양이 단순해 보이는데요. CSS를 적용해서 좀 더 꾸미고 싶어요. 챗GPT를 활용하면 간단한 CSS 코드는 쉽게 만들 수 있을까요?

학생

물론이에요! CSS는 HTML 화면을 꾸미고 레이아웃을 정리하는 데 아주 효과적입니다. 챗GPT에 원하는 디자인이나 레이아웃을 설명하면, 간단하고 직관적인 CSS 코드를 바로 생성할 수 있어요. 이제 HTML에 CSS를 적용해 화면을 더 아름답게 꾸며봅시다!

선생님

바로 실습 50 입력 화면에 CSS 추가하기

01 챗GPT에게 HTML 코드 전체를 입력하고, CSS를 적용해달라고 부탁해봅시다. 이때 왼쪽 위로 몰려있는 레이아웃도 손을 봐달라고 해보겠습니다.

이 코드에 파란색 주제로 스타일을 적용하고 레이아웃도 적당히 꾸며줘.

여기에 여러분의 코드 내용을 붙여넣으세요.

아래는 파란색 테마로 스타일을 적용하고 레이아웃을 꾸민 HTML 코드입니다. CSS를 추가하여 요소의 배치와 디자인을 개선했습니다.

html 코드 복사

```html
<!DOCTYPE html>
<html lang="ko">
  <head>
    <meta charset="UTF-8" />
    <meta name="viewport" content="width=device-width, initial-scale=1.0" />
    <title>사원 정보 조회</title>
    <style>
      body {
        font-family: Arial, sans-serif;
        background-color: #e3f2fd; /* 연한 파란색 배경 */
        color: #0d47a1; /* 짙은 파란색 텍스트 */
        margin: 0;
```

02 전체 코드를 복사하여 다시 앱스 스크립트 프로젝트에 붙여넣고, 재배포하면 바뀐 화면을 볼 수 있습니다. 재배포를 하는 방법은 [배포 → 배포 관리]에서 ✎ 아이콘을 누르고 [새 버전]을 누른 다음 [배포]를 누르면 됩니다.

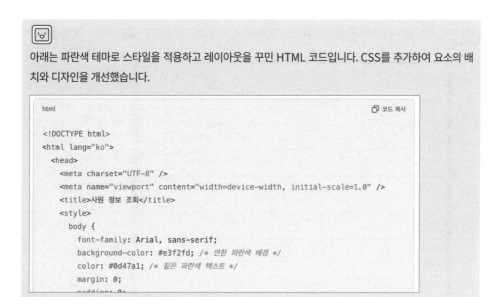

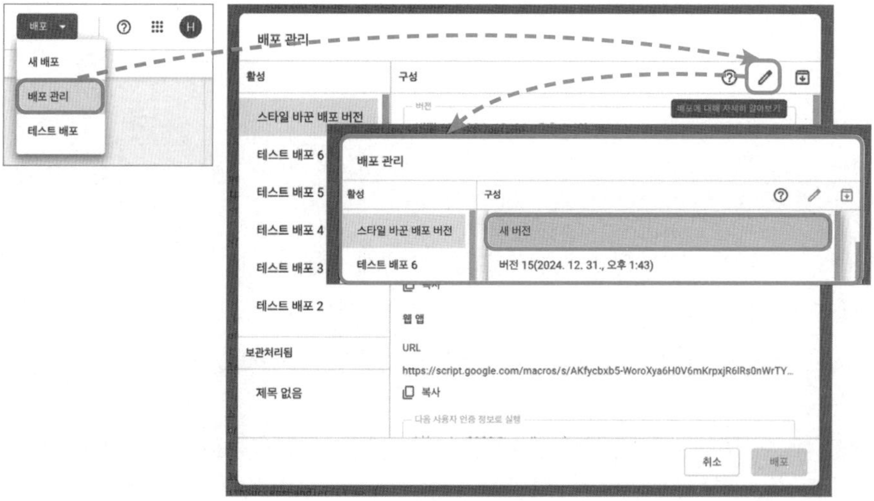

03 새 배포를 마치면 '웹 앱'의 주소로 접속해보세요. 화면이 바뀐 모습을 볼 수 있습니다.

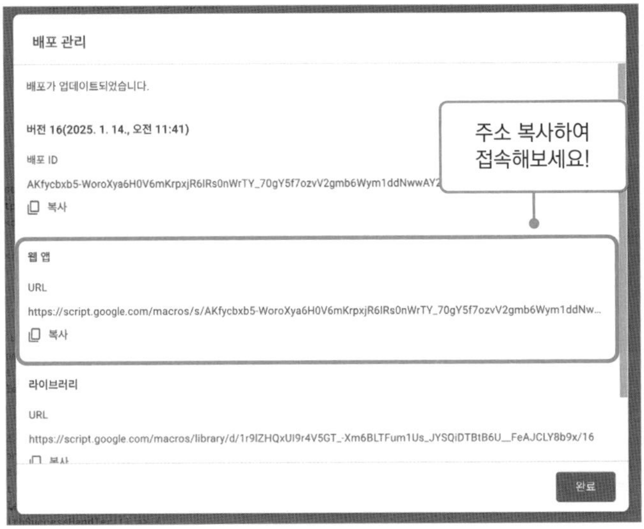

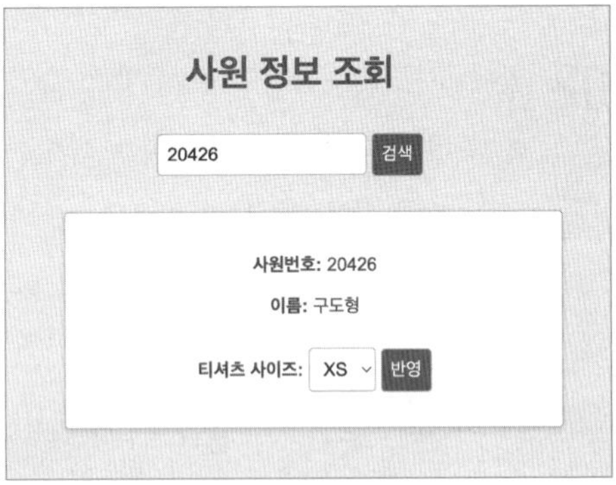

04 만약 디자인이 여전히 마음에 들지 않으면 이렇게 부탁해서 받아볼 수도 있습니다. 인터넷에 '프런트엔드 디자인 라이브러리'를 검색하면 여러 도구가 나오는데 저는 그 중 하나인 부트스트랩을 사용해서 레이아웃과 디자인을 바꿔달라고 부탁했습니다.

TIP 부트스트랩은 일정한 디자인 규칙이 있는 웹 페이지를 구성하기 위한 도구입니다. 궁금하다면 사이트에 방문하여 어떤 디자인 규칙이 있는 라이브러리인지 살펴보세요.

TIP 부트스트랩 : getbootstrap.kr

부트스트랩을 적용해서 디자인을 새로 개선해줘.

다음은 Bootstrap을 활용하여 디자인을 개선한 코드입니다. Bootstrap은 간단한 CSS 클래스와 구성 요소로 디자인을 일관성 있게 만들 수 있습니다.

05 코드를 수정한 후에 다시 배포를 눌러 재배포하여 사이트를 확인해보세요. 업그레이드된 사이트의 모습을 볼 수 있습니다.

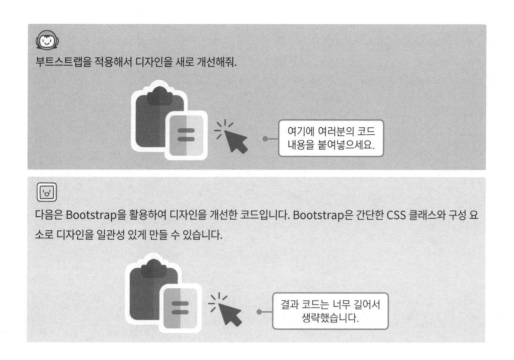

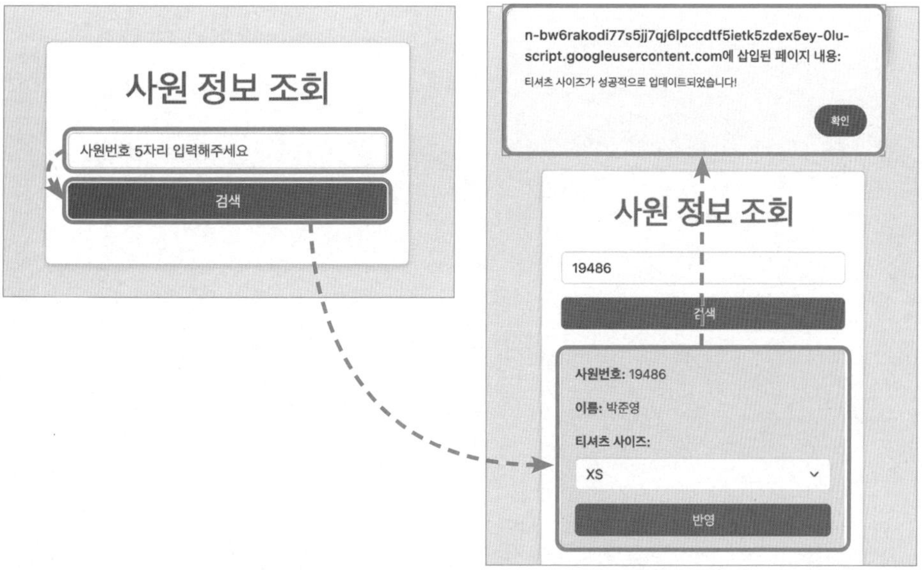

정말 쉽네?

Part 11

구글폼 설문지 자동으로 만들기

여기서 공부할 내용

직장에서 구글폼 설문지를 반복해서 만들다 보면 패턴이 만들어집니다. 그러면서 따로 양식을 만들고, 이것을 복사해서 가져다 쓰게 되죠. 그러다 보면 이런 건 텍스트만 바꿔 입력하니까 자동으로 만들었으면 하는 생각이 들 때가 있습니다. 하지만 앱스 스크립트가 있다면 할 수 있습니다! 그럼 시작해볼까요?

Chapter 23

설문지 항목을 정해놓고 구글폼 설문지 만들기

선생님, 설문지를 자주 만들어야 하는데, 특히 항목이 많아지면 작업이 너무 힘들어요. 미리 항목을 정리해두고 자동으로 구글폼을 만들 수 있으면 좋을 것 같아요.

학생

선생님

정말 좋은 아이디어예요! 스프레드시트에 설문 항목을 정리해두고 앱스 스크립트를 사용하면 구글폼을 자동으로 생성할 수 있습니다.

그렇게 하면 설문지를 만드는 시간을 많이 줄일 수 있겠네요. 미리 검토한 뒤 다음에서 만들 수도 있겠어요.

학생

선생님

맞아요! 이렇게 하면 효율적으로 설문지를 제작할 수 있죠. 지금부터 함께 스크립트를 만들어볼까요?

분석하기 정확히 무엇이 문제일까?

질문과 선택지를 구글폼 설문지에 다 입력해버리면 나중에 수정하기가 귀찮고, 비슷한 설문지가 많아지면 이것을 반복하여 만들기 어렵다는 것이 문제입니다. 문제를 정리하자면 다음과 같습니다.

분석 01 구글폼 설문지에 항목을 미리 입력하면 수정이 귀찮다

구글폼 설문지는 항목을 미리 입력하면 나중에 수정하기가 귀찮습니다. 하나하나 버튼을 눌러서 수정해야 하기 때문에 이런 작업들이 피로를 유발하죠. **이것을 앱스 스크립트와 스프레드시트를 조합하여 해결하겠습니다.**

분석 02 비슷한 설문지를 만들기도 번거롭다

비슷한 설문지를 만들 때 새로 만드는 것도 일입니다. [설문지 생성]이라는 버튼만 있으면 더 쉽게 해결할 수 있을 것 같네요. 여기서는 스프레드시트에 [설문지 생성]이라는 추가 메뉴를 만들어 해결해봅니다.

바로 실습 51 설문지에 쓸 스프레드시트 준비하기

설문지에는 다양한 질문이 여러 형태로 포함될 수 있습니다. 필수 항목과 선택 항목이 있을 수 있으며, 질문에 따라 여러 선택지를 제공할 수도 있습니다. 또한, 여러 선택지를 선택할 수 있는 경우와 하나만 선택할 수 있는 경우도 있습니다. 이러한 요구 사항을 스프레드시트에 반영하여 설문 데이터를 준비하겠습니다.

01 새로운 스프레드시트를 생성하고 다음과 같이 설문 타입, 필수 여부, 질문, 선택지 열을 준비합니다.

설문 타입	필수 여부	질문	선택지				
TextItem	Y	이름					
TextItem	Y	휴대전화번호 (-없이 입력해주세요)					
TextItem	Y	이메일주소					
TextItem		대화할 때 원하는 호칭이 있다면 적어주세요					

SectionHeaderItem		관심있는 주제와 참여 가능한 시간을 선택해주세요.					
CheckboxItem	Y	관심주제를 1개 이상 선택해주세요.	퍼스널브랜딩	성과관리	피드백	생성형 AI	커리어 상담
MultipleChoiceItem	Y	참여 가능한 시간을 선택해주세요.	오전1 (09:00 ~10:00)	오전2 (10:00 ~11:00)	오후1 (13:00 ~14:00)	오후2 (14:00 ~15:00	오후3 (15:00 ~16:00)
ParagraphTextItem		기타 남기고 싶은 의견이나 하고 싶은 이야기가 있다면 자유롭게 적어주세요					

여기서 설문 타입 열은 설문지에 들어갈 항목을 특정하기 위해 영문으로 작성합니다. 이 작성 내용이 이후 앱스 스크립트 코드에 영향을 줍니다. 각 항목에 대한 설명은 구글폼 설문지의 다음 기능과 연관이 있습니다.

1. **TextItem :** 텍스트를 한 줄 입력할 수 있습니다.
2. **ParagraphTextItem :** 텍스트 블록을 입력할 수 있습니다.
3. **SectionHeaderItem :** 섹션의 시작을 시작적으로 나타냅니다.
4. **MultipleChoiceItem :** 객관식 선택지를 선택할 수 있습니다.
5. **CheckboxItem :** 하나 이상의 항목을 체크할 수 있습니다.

바로 실습 52 구글폼 자동으로 만들어 확인해보기

데이터를 마련했으니 이제 앱스 스크립트로 구글폼을 만들어보겠습니다.

01 [확장 프로그램] 메뉴를 선택한 뒤 [Apps Script]를 누르고 다음과 같이 코드를 작성합니다.

바로 자동화 코드 https://bit.ly/4joDuO6

```
function myFunction() {
```

```
  const spreadSheet = SpreadsheetApp.getActiveSpreadsheet();
  const sheet = spreadSheet.getSheets()[0]; // ❶ 첫 번째 시트를 사용
  const range = sheet.getDataRange(); // 데이터가 있는 전체 범위를 가져옴
  const values = range.getValues(); // 모든 데이터를 2차원 배열로 가져옴
}
```

❶ 첫 번째 시트를 사용하기 위해 getSheets()[0]을 입력했습니다. 지금까지는 시트 이름을 사용했지만 이렇게 인덱스 번호를 사용해서 시트를 선택할 수도 있습니다.

02 그런 다음 구글폼을 생성하기 위해 FormApp.create() 함수를 사용합니다. 계속해서 코드를 수정하여 다음과 같이 만드세요.

바로 자동화 코드 bit.ly/4joDuO6

```
function myFunction() {
  const spreadSheet = SpreadsheetApp.getActiveSpreadsheet();
  const sheet = spreadSheet.getSheets()[0];
  const range = sheet.getDataRange();
  const values = range.getValues();
  const form = FormApp.create('새로운 설문지'); // ❶ 새 구글 폼 생성
}
```

여기를 수정하세요.

❶ FormApp.create() 함수를 실행하면 새 구글폼 파일을 생성합니다.

03 코드를 실행해서 정말로 구글폼 파일을 생성하는지 확인해봅니다. 구글폼 파일은 '내 드라이브' 위치에 생성됩니다.

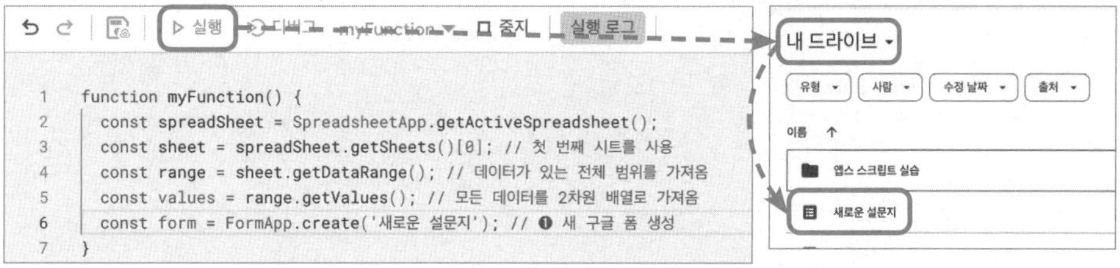
실행
실행 로그
function myFunction() {
const spreadSheet = SpreadsheetApp.getActiveSpreadsheet();
const sheet = spreadSheet.getSheets()[0]; // 첫 번째 시트를 사용
const range = sheet.getDataRange(); // 데이터가 있는 전체 범위를 가져옴
const values = range.getValues(); // 모든 데이터를 2차원 배열로 가져옴
const form = FormApp.create('새로운 설문지'); // ❶ 새 구글 폼 생성
}
내 드라이브
유형
사람
수정 날짜
출처
이름
앱스 스크립트 실습
새로운 설문지

04 파일이 새로 생기는 것을 확인했습니다. 이제는 구글폼에 설문 항목을 스프레드시드에 있는 값을 이용하여 입력해봅니다. 여기서 우리가 스프레드시트에 설문 타입 열에 입력했던 값이 설문 항목을 결정합니다. 우선 코드를 작성하여 실행해보고 무슨 말인지 구체적으로 설명하겠습니다.

바로 자동화 코드 bit.ly/4joDuO6

```
function myFunction() {
...생략...
  for (let i = 1; i < values.length; i++) {
    const type = values[i][0]; // ❶ 설문 타입 열 값 가져오기
    const required = values[i][1]; // ❷ 필수 여부 열 값 가져오기
    const question = values[i][2]; // ❸ 질문 열 값 가져오기
    const options = values[i].slice(3); // ❹ 선택지 내용 가져오기(3번째 열부터 나머지)
    let item; // ❺ 설문지 항목을 결정하기 위한 변수
    switch (type) { // ❻ ❶의 설문 타입을 보고 구글폼 설문지 항목 타입을 결정
      case 'MultipleChoiceItem':
        item = form.addMultipleChoiceItem();
        item.setChoiceValues(options.filter(String)); // 빈 문자열 제거
        break;
      case 'TextItem':
        item = form.addTextItem();
        break;
      case 'ParagraphTextItem':
        item = form.addParagraphTextItem();
        break;
      case 'CheckboxItem':
        item = form.addCheckboxItem();
        item.setChoiceValues(options.filter(String)); // 빈 문자열 제거
        break;
      case 'SectionHeaderItem':
        form.addSectionHeaderItem().setTitle(question);
        continue; // 다음 반복으로 넘어감
    }

    // ❼ 질문 입력 후 필수값 체크
```

```
    item.setTitle(question).setRequired(required === 'Y');
  }
}
```

❶~❸ 스프레드시트에서 설문 타입 열, 필수 여부 열, 질문 열에 해당하는 값을 순서대로 가져옵니다.

❹ 각 설문 항목에서 추가할 선택지를 가져옵니다. 이후 swtich( ){ ... }에서 설문 항목을 삽입합니다.

❺ item 변수를 이용해서 구글폼 설문 항목을 생성하거나 선택지를 추가합니다.

❻ swtich(type){ ... }에서 type은 ❶에서 결정한 값입니다. 스프레드시트에서 1열에 입력했던 값으로 구글폼 설문지 항목을 생성하기 위함입니다. 각 설문 타입에 대한 구글폼 실제 형식은 다음 그림과 같습니다.

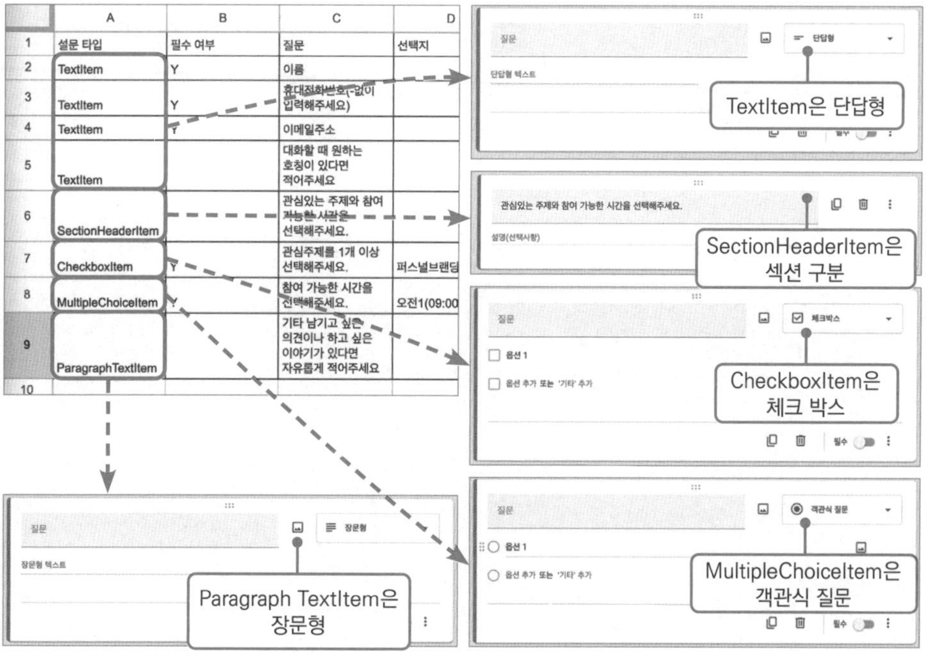

❼ setTitle() 함수로 정해진 설문지 항목 유형에 질문을 입력하고, setRequired() 함수로 필수 여부를 Y로 반영합니다.

05 코드를 실행하면 스프레드시트에 설정한 설문 타입의 설문 항목이 추가된 설문지가 생성됩니다. 이제 설문지 내용은 스프레드시트에서 수정하여 간단하게 만들 수 있게 되었습니다.

Chapter 24

챗GPT로 설문지 만들기 메뉴 버튼 추가하고 설문지 서비스 문구 추가하기

학생

선생님, 이제 설문지를 앱스 스크립트로 생성할 수 있게 됐어요. 그런데 앱스 스크립트 프로젝트에서 실행하는 대신, 스프레드시트의 메뉴에 버튼을 추가하면 더 편리할 것 같아요. 예를 들어, [나의 메뉴]라는 항목을 만들고 그 안에 [설문지 생성] 버튼을 넣으면 어떨까요?

선생님

아주 좋은 아이디어네요! 스프레드시트에 사용자 정의 메뉴를 추가하면 작업 흐름이 훨씬 간단해집니다. 챗GPT에게 도움을 요청해, 이 메뉴를 추가하고 버튼을 눌렀을 때 설문지가 생성되도록 설정해봅시다. 함께 시작해볼까요?

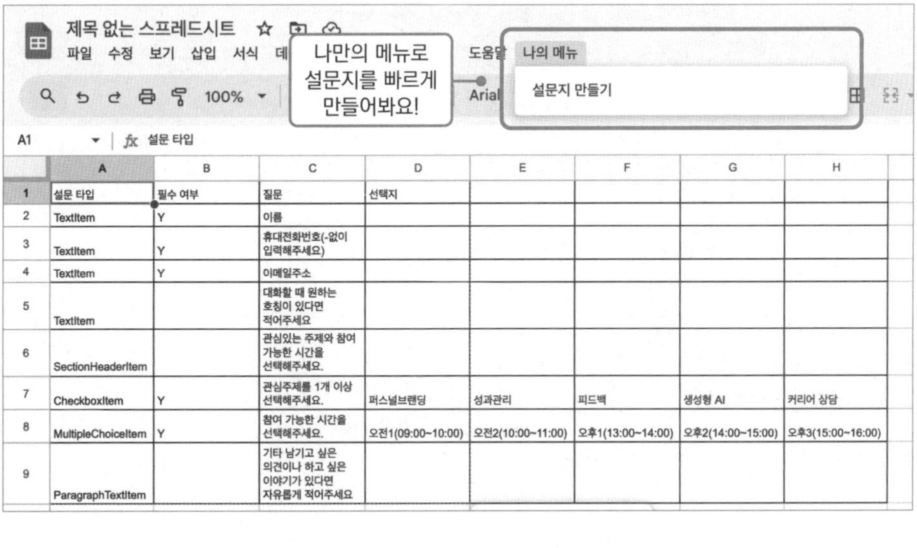

	A	B	C	D	E	F	G	H
1	설문 타입	필수 여부	질문	선택지				
2	TextItem	Y	이름					
3	TextItem	Y	휴대전화번호(-없이 입력해주세요)					
4	TextItem	Y	이메일주소					
5	TextItem		대화할 때 원하는 호칭이 있다면 적어주세요					
6	SectionHeaderItem		관심있는 주제와 참여 가능한 시간을 선택해주세요.					
7	CheckboxItem	Y	관심주제를 1개 이상 선택해주세요.	퍼스널브랜딩	성과관리	피드백	생성형 AI	커리어 상담
8	MultipleChoiceItem	Y	참여 가능한 시간을 선택해주세요.	오전1(09:00~10:00)	오전2(10:00~11:00)	오후1(13:00~14:00)	오후2(14:00~15:00)	오후3(15:00~16:00)
9	ParagraphTextItem		기타 남기고 싶은 의견이나 하고 싶은 이야기가 있다면 자유롭게 적어주세요					

바로 실습 53 스프레드시트에 나만의 메뉴 추가해서 설문지 추가 기능 더하기

01 챗GPT에게 스프레드시트에 나만의 메뉴를 추가하고 설문지 추가 함수를 연결하여 버튼을 하나 추가해달라고 해봅시다.

이 코드를 수정해서 스프레드시트에 [나의 메뉴]를 만들고 그 안에 [설문지 만들기] 버튼을 추가해서 이것을 누르면 설문지를 만들 수 있도록 해줘.

여기에 여러분의 코드
내용을 붙여넣으세요.

아래는 스프레드시트에 [나의 메뉴]를 추가하고 그 안에 [설문지 만들기] 버튼을 구현하는 코드입니다. 버튼을 클릭하면 사용자가 작성한 데이터를 기반으로 설문지가 생성됩니다.

결과 코드는 너무 길어서
생략했습니다.

02 챗GPT가 만들어준 코드를 앱스 스크립트 프로젝트에 붙여넣은 다음 저장하고 종료합니다.

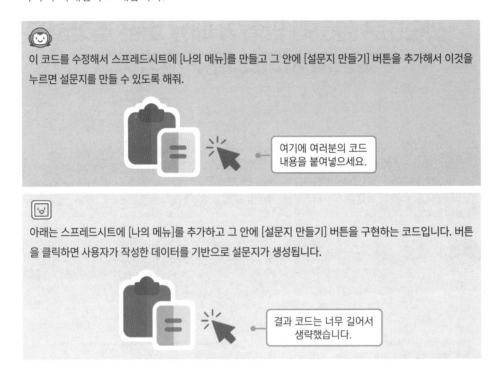

Apps Script
제목 없는 프로젝트
Drive에 저장됨
파일
Code.gs
라이브러리
서비스
실행
디버그
myFunction
실행 로그
저장 후 앱스 스크립트
프로젝트 종료
function myFunction() {
eet = SpreadsheetApp.getActiveSpreadsheet();
spreadSheet.getSheets()[0]; // 첫 번째 시트를 사용
sheet.getDataRange(); // 데이터가 있는 전체 범위를 가져
range.getValues(); // 모든 데이터를 2차원 배열로 가져
const form = FormApp.create('새로운 설문지'); // ❶ 새 구글 폼 생성

03 그런 다음 스프레드시트를 새로고침 하면 약 2~3초 후에 [나의 메뉴]가 나타납니다. [나의 메뉴]를 누르면 [설문지 만들기] 버튼도 보이네요.

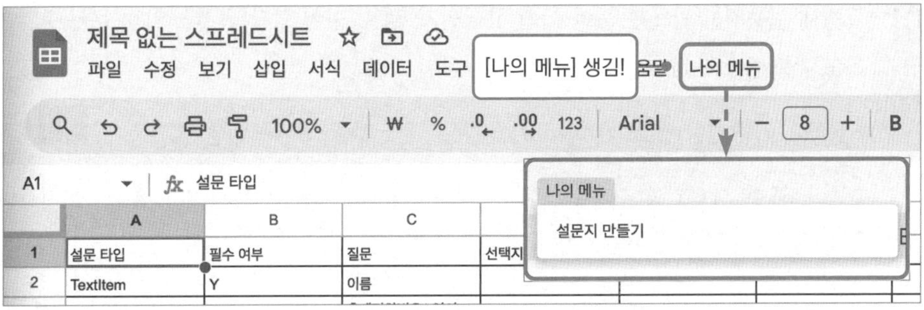

04 버튼을 누르고 권한 문제를 승인하면 설문지가 만들어집니다!

바로 실습 54 설문지 만드는 동안 알림 문구 추가하기

01 그런데 설문지를 만드는 동안 어떤 상태인지 알 수 없어 답답합니다. 알림 문구도 추가해달라고 부탁해볼까요?

이 코드를 수정해서 스프레드시트에 [나의 메뉴]를 만들고 그 안에 [설문지 만들기] 버튼을 추가해서 이것을 누르면 설문지를 만들 수 있도록 해줘.

여기에 여러분의 코드
내용을 붙여넣으세요.

아래는 요청하신 내용을 반영한 코드입니다. SpreadsheetApp.getUi( )를 사용해 진행 중 메시지를 표시하고, 작업 완료 후 메시지를 업데이트하는 기능이 추가되었습니다.

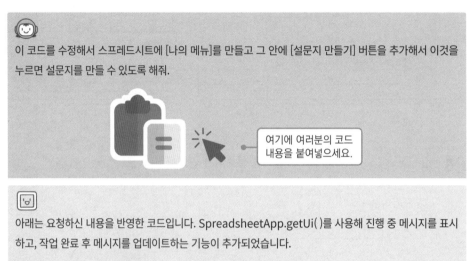

결과 코드는 너무 길어서
생략했습니다.

02 코드를 붙여넣고 다시 실행해보면 이제 알림 문구도 보여줍니다! 이렇게 여러 UI 항목을 챗GPT에게 부탁하여 만들 수 있습니다.

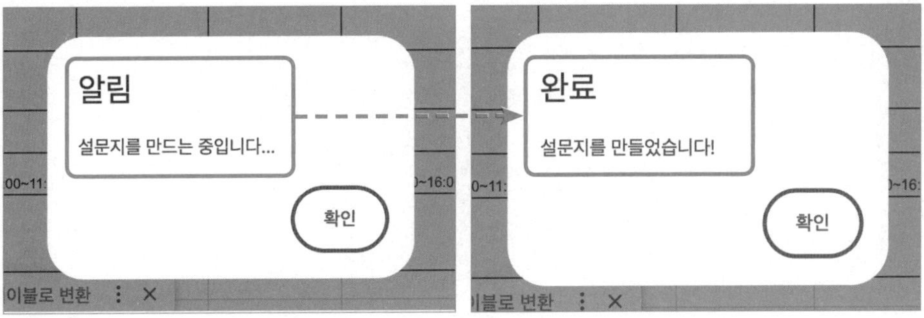

지금까지 앱스 스크립트로 다양한 업무 자동화를 수행해봤습니다. 앞으로 다양한 문제를 앱스 스크립트와 챗GPT로 쉽게 해결하여 보다 편안한 업무를 보기 바랍니다.

NOTE

NOTE

정말 쉽네? 챗GPT 구글 업무 자동화

이메일 대량 발송, 정기 발송, 구글폼 자동화, 알림봇 만들기, 구글 시트 자동화, 앱 만들기 + 배포, 챗GPT 코드 작성 노하우!

초판 1쇄 발행 2025년 3월 1일

지은이 송요창

펴낸이 최현우 · **기획** 김성경 · **편집** 박현규, 김성경, 최혜민

디자인 표지 · 내지 · 조판 안유경

마케팅 오힘찬 · **피플** 최순주

펴낸곳 골든래빗(주)

등록 2020년 7월 7일 제 2020-000183호

주소 서울 마포구 양화로 186 LC타워 5층 514호

전화 0505-398-0505 · **팩스** 0505-537-0505

이메일 ask@goldenrabbit.co.kr

홈페이지 www.goldenrabbit.co.kr

SNS facebook.com/goldenrabbit2020

ISBN 979-11-94383-16-1 93000

우리는 가치가 성장하는 시간을 만듭니다.

골든래빗은 가치가 성장하는 도서를 함께 만드실 저자님을 찾고 있습니다.

내가 할 수 있을까 망설이는 대신, 용기 내어 골든래빗의 문을 두드려보세요.

apply@goldenrabbit.co.kr

골든래빗
바로가기

GOLDEN RABBIT